YVONNE KROONENBERG

Alle Männer wollen nur das Eine
Man gewöhnt sich an alles –
nur nicht an einen Mann

W0109796

Autorin

Yvonne Kroonemberg ist Psychologin und Autorin und schreibt am liebsten über Männer. Sie ist eine Feministin, die sich für Pornographie und Bordelle stark macht, eine *Playboy*-Kolumnistin, die das Machogehabe der *Playboy*-lesenden Männer aufs Korn nimmt. Einige halten sie für eine gelungene Mischung aus Alice Schwarzer und Henry Miller. Mit ihren frechen, witzigen, bisweilen auch gnadenlos polemischen Büchern gelang ihr in Deutschland wie in ihrer holländischen Heimat ein Riesenerfolg.

Außerdem von Yvonne Kroonenberg
im Goldmann Verlag erschienen

Kann ich den umtauschen (41473)
Sie liebt ihn, er sich auch (42774)

YVONNE KROONENBERG

Alle Männer wollen nur das Eine

Man gewöhnt sich an alles – nur nicht an einen Mann

Zwei Bestseller in einem Band

Aus dem Niederländischen
von Gabriele Haefs

GOLDMANN

»Alle Männer wollen nur das Eine« erschien unter dem
holländischen Originaltitel »Alle mannen willen maar één ding«
bei Uitgeverij Contact, Amsterdam.
»Man gewöhnt sich an alles – nur nicht an einen Mann« erschien
unter dem holländischen Originaltitel »Alles went behalve een vent«
im selben Verlag.

Umwelthinweis:
Alle bedruckten Materialien dieses Taschenbuches
sind chlorfrei und umweltschonend.
Das Papier enthält Recycling-Anteile.

Der Goldmann Verlag
ist ein Unternehmen der Verlagsgruppe Bertelsmann

Genehmigte Taschenbuchausgabe 9/96
Alle Männer wollen nur das Eine
Copyright © 1989 by Yvonne Kroonenberg
Copyright © der deutschsprachigen Ausgabe 1991
by Ernst Kabel Verlag GmbH, Hamburg
*Man gewöhnt sich an alles –
nur nicht an einen Mann*
Copyright © 1989 by Yvonne Kroonenberg
Copyright © der deutschsprachigen Ausgabe 1992
by Ernst Kabel Verlag GmbH, Hamburg
Umschlaggestaltung: Design Team München
Umschlagillustration: Friederike Simmel, Offenbach
Druck: Elsnerdruck, Berlin
Verlagsnummer: 13167
MK · Herstellung: Heidrun Nawrot
Made in Germany
ISBN 3-442-13167-7

3 5 7 9 10 8 6 4 2

Alle Männer wollen nur das Eine

Inhalt

Die Männer wollen alle nur das Eine

Die Männer wollen alle nur das Eine: recht haben. Sie führen nicht einfach aus Lust und Laune ihre Gespräche; wenn sie etwas sagen, dann aus einem bestimmten Grund, und sie sagen dann etwas, womit sie recht haben. Deshalb sind Gespräche unter Männern auch so seltsam. »Die Italiener sind die totalen Verkehrsrowdies«, sagt der eine Mann. Darauf antwortet der andere nicht: »Ja, das habe ich auch festgestellt«, sondern: »Die Franzosen sind noch schlimmer.« Wenn eine Gruppe von Männern zusammensteht, wird auf diese Weise ganz Europa abgehakt. Am Ende behauptet dann einer, daß die Belgier die allerschlimmsten sind, weil sie früher keinen Führerschein brauchtes. Alle stimmen zu, und auf diese Weise hat jeder für sich recht und ist sich noch dazu mit allen anderen einig.

Mit Frauen können Männer nicht sprechen. Eine Frau sagt »oh«, oder »ja«, wenn ein Mann eine brennende Frage aufwirft. Es ist nicht leicht für einen Mann, die Zustimmung einer Frau zu erlangen. Vielleicht sind sie deshalb so scharf darauf.

Manchmal geht es schon bei der ersten Begegnung los. »Das hab ich mir ja gleich gedacht!« rief ein Mann, nachdem er sich zehn Minuten mit mir unterhalten hatte. »Ich habe gewußt, daß du viel intelligenter bist, als es im ersten Moment den Anschein hat.« Aber er betreibt Astrologie und hat schon deshalb immer recht. Eine Freundin von mir hat einen Mann, der Zeitungen liest. *Er* hat bei politischen Fragen recht. Das kann durchaus auf die Nerven gehen, schließlich sind diese Fragen ziemlich zeitraubend. Bei Tisch hält er lange Vorträge über den Zustand der Welt. »Du hast recht«, sagt meine Freundin, wenn er seinen Vortrag beendet hat. Es macht ihr nichts aus, ihm immer rechtzugeben, nur muß es gar zu oft sein.

Mich stürzt das manchmal in Verzweiflung. »Was machst du denn bloß mit all dieser Rechthaberei?!« habe ich meinen Verlobten einmal gefragt. »Verkaufst du sie, tauschst du sie ein?« – »Du kannst es einfach nicht hinnehmen, daß ich so klug bin«, antwortete er darauf. Darüber habe ich nachgedacht. Soviel ich weiß, möchte ich, daß er so klug ist, wie er sich einbildet. Ich hätte ungern einen dummen Verlobten. Aber ein bißchen dumm ist doch immer noch besser als ein selbstzufriedener Rechthaber. Ob das wohl wieder eine verkappte Form von männlicher Unsicherheit ist? Ich kenne einen vierjährigen Jungen, der immer ruft: »Ich hab's geschafft! Ich hab's geschafft!« – »Was meint er denn bloß?« habe ich seine ältere Schwester gefragt. »Er meint: Ich hab' recht, ich hab' recht«, sagte die Schwester mit angeekeltem Blick. »Er wettet um alles und jedes, und wenn er gewonnen hat, dann sagt er: ›Ich hab's geschafft.‹« So ist das. Ein Mann, der nicht recht hat, ist ein gescheiterter Mann.

Eine Frau, die keine richtige Frau ist, ist immer noch ein lieber Kerl, aber ein Mann hat keine Wahl. Früher erschlug er einen Drachen oder verführte zwanzig Jungfrauen. Das kann die moderne Zeit ihm nicht bieten. Ein Don Juan wird mit einem Brieflein vom Hausarzt zum Psychiater oder in eine nette Gesprächsgruppe geschickt. Zuletzt habe ich in Brabant einen Verführer am

Werk gesehen, es war gerade Karneval. Die Männlichkeit muß dringend reformiert werden, wir brauchen neue Maßstäbe. Der moderne Mann hat recht.

Zu Beginn einer Auseinandersetzung sagt er vielleicht noch: »Ich kann mich auch irren«, aber das meint er nicht wirklich. Er sagt das aus Höflichkeit. Wenn er alles gesagt hat, möchte er am liebsten hören: »Du hast recht.« Mit »ach ja« gibt er sich auch zufrieden, zur Not sogar mit »vielleicht hast du recht«. Letzteres bedeutet in einem Gespräch unter Männern, daß jemand glaubt, auf andere Art recht zu haben. Es würde aber für schlechte Manieren gelten, einfach »was für ein Unsinn« oder »wie kommst du denn auf die Idee?« zu sagen. So etwas wäre genauso gemein, wie einen schlaffen Typen Schlappschwanz zu nennen. Das tut ein Mann nicht. Schließlich gibt es genug Recht für alle.

So ist es eben. Nur, wenn sie Streit suchen, ist es nervig. Tessa hat so einen. Ihr Freund ist von jähzornigem Charakter. Nur wird er nicht zornig, er läuft weg. Ehe Tessa überhaupt begriffen hat, daß sie Streit haben, ist ihr Verlobter schon aufgesprungen, und sie sitzt allein im Restaurant oder auf dem Sofa. Nach ein paar Tagen ruft er sie dann an.

In diesem Telefongespräch erklärt er ihr ausführlich, was an ihrem Charakter alles im argen liegt. Er kann auch Beispiele anführen, komplett mit Datum und Ort. Eine Weile hat Tessa verblüfft zugehört, wenn er auf diese Weise beweisen wollte, daß er recht hatte, aber eines Tages hatte sie die Nase voll. Als er das nächste Mal davonlief, überlegte sie sich die ganze Sache, und als er sein Recht holen wollte, sagte sie ihm ganz einfach, daß sie durchaus nicht vorhätte, sich zu bessern, und wenn er ihr von nun ab etwas vorzuwerfen hätte, dann sollte er das innerhalb von 24 Stunden nach dem konkreten Vorfall tun. Danach wäre es verjährt. Seitdem weiß Tessa, daß sie eine kastrierende Frau ist.

Aus der Emanzipation der Männer wird einfach nichts. Kaum haben wir ihnen abgewöhnt, zu jeder passenden und unpassenden Gelegenheit den Bizeps spielen zu lassen und protzige Sprüche zu klopfen, da haben sie auch schon wieder etwas Neues, diesmal etwas Demokratisches, an dem sich jeder Mann beteiligen kann. Schlaffe Männer, schüchterne Männer, dumme Männer, häßliche Männer, jeder kann doch etwas erzählen, bei dem er recht zu haben glaubt. Bloß die Frauen machen nicht mit. Die finden das ziemlich öde. Sowenig, wie wir uns in den stärksten oder den hübschesten Mann verlieben, schwärmen wir für den größten Rechthaber. Wir würden es lieber sehen, daß ein Mann einmal ehrlich zugibt, wenn er unrecht hat. Aber bisher will das nicht so richtig klappen.

Männlichkeit ist eine empfindliche Geschichte, an strenge Regeln gebunden. Ein Mann, der sich in ein zu kleines Taschentuch schneuzt, wird ausgelacht, und wenn er sich in der Kneipe ein Gläschen Eierlikör bestellt, ist sein guter Ruf erledigt. Frauen haben es in dieser Beziehung leichter. Wir trinken, was wir wollen, wir dürfen Schlipse tragen, Witze erzählen und auf hohen Absätzen oder in Holzschuhen gehen.

Männer nicht, deshalb müssen sie sich weiterhin raufen. Sie haben ja so recht.

Der Frauenkampf

Ich habe einfach alles verpaßt. Als die ersten Dollen Minnas aktiv wurden und den Männern in den Hintern kniffen oder ihnen hinterherpfiffen, putzte ich in einer öden Straße in Den Haag die Fenster, und als ich die Spinngewebe aus meinem Kopf entfernt hatte, war der fröhliche Feminismus von früher durch grimmige Aktivistinnen im Frauenzentrum ersetzt worden.

Ich hätte es herrlich gefunden – gemeinsam sind wir stark –, die Männer fühlen zu lassen, was das für ein Gefühl ist, wenn dein Brustumfang laut verkündet wird, wenn wir ausgepfiffen, angezischt und beglotzt eine Reihe von Straßenarbeitern passieren müssen. Aber ich kam zu spät.

Als ich von Staubsauger und Topfschwamm davonlief, war ich allein. Die Aktionsgruppen befaßten sich inzwischen mit Dingen, die wirklich eine Rolle spielen, wie Ganztagskindergärten und gleicher Lohn. Der tägliche Umgang mit Männern war wieder eine Angelegenheit, die jede Frau für sich selber regeln mußte. Ich tat, was ich konnte. Wann immer ein Mann rief: »Was für scharfe Titten!«, ging ich zu ihm und machte ihm klar, daß ich seine Ansicht nicht für wohlformuliert hielt. Aber sie lernten schwer, diese Männer, und als ich das Gefühl hatte, ganz Den Haag mindestens einmal angesprochen zu haben, zog ich nach Amsterdam um. Dort beschloß ich, meine Strategie zu verändern.

Bauarbeiter, stellte ich fest, waren total verdutzt, wenn

ich ihnen fröhlich als erste »Guten Morgen« zurief, und wie eine Kuckucksuhr zur Mittagsstunde passierte ich problemlos eine komplette Baustelle. Wenn ein Mann Anstalten machte, sich über die wahre Natur der Frauen auszulassen – ja, das kam früher durchaus vor –, sprang ich entzückt auf. »Ha!« rief ich dann, »ich habe mit einem Kenner zu tun!« und hörte andächtig zu. Nach spätestens einer Minute fing der Kenner normalerweise an, sein eigenes Grab zu schaufeln, und bald danach lag er darin. Ich hatte allerdings nicht immer solches Glück. Wenn ich verliebt war, erzählte ich natürlich sofort, daß ich keine Kartoffeln schälen konnte und daß ich nicht einmal wußte, wo es Waschpulver zu kaufen gibt, aber wenn an seiner Jacke ein Kopf fehlte, dann konnte ich es nicht lassen, denn niemand flickt so gut wie ich, und morgens kochte ich den Kaffee. Liebe ist eine arge Feindin im radikalen Kampf.

Ich war auch solidarisch. Wenn mir eine Frau begegnete, die ein Frauenzeichen trug, dann grüßte ich sie freundlich, und manchmal unterhielten wir uns ein Weilchen. Ich interessierte mich für die Forderungen der Aktionsgruppen und hörte voller Freude, daß es inzwischen Mittelschulen für Mütter, Fortbildungskurse, Kindergärten und Selbsthilfegruppen gab. Frauenärzte wärmten das Speculum an, ehe sie damit zum Angriff übergingen, Männer setzten nicht mehr selbstverständlich voraus, daß die Frau, die sie in die Arme schlossen, auch ihre Socken waschen würde.

Nach einigen Jahren kam eine Veränderung. Der Frauenkampf wurde härter. Eine Gruppe von Radikalen sonderte sich ab und distanzierte sich verachtungsvoll von Frauen, die mit ihrem Unterdrücker ins Bett gingen. In der feministischen Presse las ich, daß Kriege, Vernichtung, Aggression, Verbrechen, Porno und sexuelle Gewalt Erfindungen des männlichen Gehirns seien. Das ist ein ziemlich harter Vorwurf. So böse kann ich nur auf einen einzigen Mann werden, aber nicht auf alle Männer gleichzeitig. Vielleicht habe ich zu dieser Zeit angefangen, nicht mehr aus vollstem Herzen zu verkünden, ich sei Feministin. Im Namen des feministischen Fortschritts geschehen zu viele Dinge, die ich nicht richtig finde. Der Kampf gegen Pornographie, zum Beispiel. 1965 war ich nicht gegen Pornos, und heute bin ich es immer noch nicht. Frauen sind mehr als ein Kuchen mit einem Loch, aber ein Mann, der seinen sexuellen Phantasien durch Pornos Kraft verleiht, ist noch kein Vergewaltiger.

Männer taugen nichts, das ist natürlich wahr. Sie sehen zwar, wie ungerecht Frauen in dieser Gesellschaft behandelt werden, aber sie sorgen auch dafür, daß sie selber nichts einbüßen. Lieber spülen sie einmal außer der Reihe.

Nein, Frauen sind doch viel netter. Sie kämpfen nicht einmal richtig. Sie geben sich mit dem bescheidenen Platz zufrieden, der auf dem Arbeitsmarkt für sie übrig ist, statt mit aller Kraft die Organisationen zu unterstützen, die sich für ihre Interessen einsetzen. Sie hüten Kinder, sie kaufen ein und lernen Spanisch, damit sie an der Costa del Sol auch einkaufen gehen können.

Ich finde nicht, daß wir es weit gebracht haben. Es gibt eine Gleichstellungskommission, es gab eine Staatssekretärin für Gleichstellungsfragen, aber die Anzahl der Frauen mit Karriereaussichten ist immer noch beklagenswert gering. Fortbildungskurse wurden eingestellt, Mittelschulen für Mütter sind unbezahlbar. Mit der Gleichberechtigung ist es jetzt wie mit der Umwelt: Alle sind dafür, aber niemand setzt sich wirklich dafür ein.

Manchmal hören wir immer noch vom Feminismus. Es gibt Frauenfilme, es gibt Frauenliteratur und bildende Kunst für Frauen. Und da packt mich wirklich das Grausen. Frauen sind doch keine exotischen Eskimos! Es ist eine schlechte Politik, sich selber zur Minorität auszurufen. Und doch ist das passiert. Wenn jetzt eine Ausstellung mit Bildern von Frauen organisiert wird, dann will niemand sie sehen. Ich spende doch schon für das Rote Kreuz und für Greenpeace, denken die Leute.

Und schon tritt eine neue romantische Strömung auf, die die Frauen mit funkelnden neuen Kochtöpfen und einem aufgemöbelten Vertrauen in die alleinseligmachende Häuslichkeit wieder in die Küche jagt. Zu dieser romantischen Strömung paßt derselbe Unfug, den die radikalen Feministinnen propagiert haben: das Verbot der Pornographie und die Aufforderung an die Frauen, die Finger von den Männerangelegenheiten zu lassen. Gemütlich sollen wir in Damencafés und auf Damengesellschaften zusammensitzen und auf eine neue Generation warten, die den Abgrund zwischen Männern und Frauen überbrücken kann. Ich hoffe, daß ich nicht zu alt für die Barrikaden bin, wenn es soweit ist.

Der echte Mann

Mein erster Verlobter war Alkoholiker, der zweite hatte Kontaktstörungen, der dritte war gewalttätig, der vierte zu dünn, der fünfte sexuell ein bißchen wunderlich. Aber ich habe sie alle geliebt, auch wenn es mir jetzt ein Rätsel ist, warum. Wir küssen einen Frosch, und dann wird er zum Prinzen. Wir ziehen mit ihm zusammen, und nach einiger Zeit verwandelt er sich wieder in einen Frosch. Sehr lange habe ich nach einem Echten Mann gesucht. Echte Männer sehen wir nicht oft, sie haben Seltenheitswert. Häufig dagegen treten Taube Nüsse und Schlaffis auf. Taube Nüsse sind leicht zu erkennen. Sie scheuen alles, was nicht betont männlich ist, sie laufen allzu breitbeinig durch die Gegend, sie rauchen ausschließlich zware shag, trinken Cola, Pils oder Genever und pissen vorzugsweise auf offener Straße. Sie sprechen zu laut, sie können sich nicht verlieben, aber sie sind immer geil. Sie heulen nur ein einziges Mal in ihrem Leben: wenn ihr Vater stirbt. Die Taube Nuß hat Angst vor Frauen. Vor allem emanzipierte Frauen findet er grausig. »Den Weibern müßten wir's mal richtig besorgen!« ruft er, während er merkt, daß die Möglichkeiten dazu immer geringer werden.

Ein Schlaffi wird nicht so bald impotent, Schlaffis sind nicht so sensibel. Die Frauenemanzipation macht ihnen zwar Angst, aber aus den falschen Gründen. Einer zum Beispiel findet, daß Frauen absolut recht haben, wenn sie sagen, daß sexistische Schweine nichts taugen, aber wie ist es denn bloß möglich, daß sie trotzdem mit diesen Kerlen ins Bett gehen und nicht mit einem rücksichtsvollen Mann wie ihm? Seht ihr, das ist schlaffihaft. Schlaffis sind Männer, die da, wo wir sie antreffen, einfach nicht zu Hause sind. Sie sind die Amsterdamer mit der affektierten Aussprache, die steinalten Hippies auf Ibiza. Sie sind die Badegäste, die niemals braun werden, und die Studenten, die sich in der großen Stadt nicht einleben können.

Schlaffis mögen weder Veränderungen noch das Verstreichen der Zeit. Sie glauben, daß früher alles netter war, und vergessen, daß sie auch nicht mehr so sind wie damals. Sie klammern sich an der Sicherheit fest. Und doch verfügen sie auch über Anpassungsvermögen: Wenn es heiß ist, keuchen sie, und wenn es spät ist, fangen sie an zu gähnen. Nicht sehr flexibel, aber voller guter Absichten bringen sie ihr Leben zu.

In der Liebe haben Schlaffis normalerweise nicht viel Glück. Sie verlieben sich in Frauen mit interessanten Gedanken und tiefen Stimmen, die finden, daß jegliche Erotik bei einem Schlaffi vergeudet ist, aber manchmal geht es auch gut: Dann kommen sie uns entgegen, der Schlaffi, bis über beide Ohren verliebt, Hand in Hand mit seiner Schlaffine.

Je länger ich nach dem Echten Mann gesucht habe, um so mehr habe ich über Männer erfahren. Eine Freundin hat mir *Real men don't eat quiche* geschenkt, ein Handbuch aus den USA, in dem der Autor Bruce Feirstein mit Hilfe von allerlei Do- und Don't-Listen versucht, herauszufinden, wie ein Echter Mann sich verhält. Ich habe das Buch kopfschüttelnd weggelegt. Manchmal hat er zwar recht, dieser Feirstein: Ein Echter Mann raucht keine nikotinarmen Zigaretten und spielt nicht Minigolf, aber was soll ich mit seinem Echten Mann anfangen? Der ist ein typischer Amerikaner und in meinen Augen ein Schlaffi. Kaum hat er sich von Mom's Apple Pie entfernt, weiß er auch schon nicht mehr, wie er sich verhalten soll. Nein, so weit sind wir noch lange nicht.

Über die Männer als solche ist noch ein ausgesprochen ekliges Büchlein erschienen. Es heißt *Der Mann, ein Irrtum der Natur*, und ein deutscher Professor, Rainer Knussmann, hat es geschrieben. Er stellt dumme Fragen wie: Wer hat denn nun wirklich Mut? Und: Ist der Mann tatsächlich das starke Geschlecht? Überflüssige Fragen, auf die der Autor ebenso überflüssige Antworten gibt. Er ist eine Seidensocke, die sich auf kontroverses Niveau wagt. Das sollten Seidensocken nicht tun, denn das Ergebnis ist immer beschämend. Eine Seidensocke ist ebenfalls ein Mann, auch wenn das kaum zu glauben ist. Es ist jemand, von dem wir sagen, daß nichts Böses in ihm steckt, der Mann, der beim Frauenstreik solidarisch Brote schmiert, der Mann, der beim Selbsterfahrungsabend immer neue bedeutsame Entdeckungen in sich macht. Das vor allem ist eine typische Seidensocken-Eigenschaft, zusammen mit der Fähigkeit, mit einem anderen Menschen etwas Körperliches zustandezubringen, dem jegliche Leidenschaft fehlt. Ein Mann vom Typ Seidensocke ist nun mal nicht von vulkanischem Temperament. Wenn er verliebt ist, arten seine Gefühle selten zu Sex aus. Wenn er böse ist, dann wird er quengelig oder erleidet einen sekundären Wutanfall, der dem Objekt dieser Wut nur wenig Probleme macht. Als Schlachtopfer kann eine Seidensocke höchst rührend sein. Widerstandslos läßt er die Schläge über sich hereinbrechen. Wenn er auf der Straße überfallen wird, dann nimmt er in Zukunft einen anderen Weg.

Wenn ihm die Arbeit zuwider ist, erledigt er sie eben voller Widerwillen. Manchmal nimmt er sich vor, durch einen herzhaften Entschluß eine betrübliche Situation zu beenden, aber er schafft es selten, diesen Entschluß auch in die Tat umzusetzen. Für radikale Feministinnen ist eine Seidensocke eine etwas peinliche Erscheinung. Ihm fehlen alle fiesen männlichen Eigenschaften. Er traut sich, über seine Gefühle zu reden, er fischt seine Haare aus dem Abfluß in der Dusche, er kann knuffeln, führt niemals sexistische Reden, aber er sieht immer so aus, als habe bei ihm eine teuflische Aufräumaktion stattgefunden. Die Seidensocke ist kein Kerl.

In Bürovierteln finden wir einen ganz anderen Männertyp, die Büroklammer. Das ist kein Mann, sondern ein Herr.

Die Büroklammer hat immer Sorgen. Er weiß nicht, wo er sein Auto abstellen soll, nirgendwo wird man dieses Ding heutzutage in der Stadt noch los, und er macht sich Sorgen über seine Versicherungsprämie für unfallfreies Fahren. Er nimmt sich vor, in Zukunft in der Mittagspause zu joggen, aber dann kommen seine Achillessehnen ihm zu verletzlich vor. Die Bäckereien in den Bürovierteln sind sehr zufrieden mit den Büroklammern. Sie machen herrliche Brote für sie fertig. Büroklammern sind verrückt nach leckeren Broten, tief in ihren stromlinienförmigen Herzen finden sie Brote schöner als Joggen.

Die Büroklammer hat viele Prinzipien. Für ihn selber sind das angenehme Richtlinien, anderen dagegen bereiten sie nur selten Vergnügen. Vor allem für Frauen ist die Büroklammer ein gefürchteter Widersacher. Das liegt an seiner Unerschütterlichkeit. Er will zwar ein sinnvolles Gespräch führen, aber dieses Gespräch bringt ihm nur selten neue Einsichten.

Die Büroklammer begreift nicht, warum die Sekretärin einen Wutanfall erleidet, wenn sie Kaffee einschenken soll. Er findet das übertrieben. Er hält ihr doch schließlich auch die Tür auf? »Alle Menschen sind gleich«, sagt die Büroklammer. Natürlich hat die Frau dasselbe Recht auf Arbeit wie der Mann, aber auch nicht mehr. Wenn sie zur Besprechung um 9 Uhr eine Viertelstunde zu spät kommt, weil sie die Kinder in die Schule gebracht hat, dann kommt sie schlicht und ergreifend zu spät. Er kommt schließlich auch immer pünktlich! Na also! Und die Besprechung fängt nun einmal um 9 Uhr an. Nicht um 9.15.

Büroklammern können eigentlich nur mit physischer Gewalt bekämpft werden. Die hat jedoch den Nachteil, daß sie nicht erlaubt ist und in den meisten Fällen zu Verwicklungen mit Ganz Vielen Büroklammern führt.

Nachts zerbreche ich mir den Kopf über die Männer. Ein Echter Mann ist stark, selbstbewußt, gelassen, freundlich, aber auch ein bißchen reserviert. Ein Echter Mann ist unternehmungslustig, furchtlos und wird mit Enttäuschungen fertig. Und doch klopft mein Herz nicht schneller, wenn ich mir all diese prächtigen Eigenschaften in hübscher Verpackung vorstelle. Ehrlich gesagt, ich finde ihn ziemlich öde, diesen Echten Mann. Begeht er denn nie eine Dummheit, hat er sich noch nie kaputtgelacht?

Ich denke an den Schriftsteller Jan Cremer, der natürlich eine Taube Nuß ist, aber trotzdem ein Schatz von einem Mann; an Pnin, den Professor aus einem Buch von Nabokov, der eine so schreckliche Büroklammer ist, daß wir ihn schon fast als Niete bezeichnen könnten. Pnin wäscht seine Turnschuhe in der Waschmaschine und schaut dann gefesselt zu, wie die Turnis hinter der Glastür herumtanzen. So einen Mann könnte doch wohl keine verschmähen? Es gibt Seidensocken, von denen wir keinen Krampf in den Knien kriegen, und Schlaffis aus Gold.

Dann sind da noch Nette Jungs, die lassen sich nicht einteilen. Ein Netter Junge behauptet nie, ein Mann zu sein. Er nimmt sich selber nicht so tierisch ernst und trägt seine Mängel mit Eleganz. Auch Prinz Claus ist, wenn er seine Depressionen hat, ein Netter Junge.

Nette Jungs gibt's wirklich genug.

Gebrauchsanweisung für den Liebhaber

Den möchte ich heute nacht gern in den Arm nehmen, dachte ich, als die Kneipe Feierabend machte. Wir bezahlten und liefen durch den Nieselregen in meine Wohnung. Wir schwiegen. Worüber hätten wir auch reden sollen? Ehepaare unterhalten sich über alltägliche Dinge, über die neuen Häuser am Ende der Straße, über den folgenden Tag, über die Menschen in der Kneipe, aber wenn man zum erstenmal zusammen nach Hause geht, dann nimmt jedes Wort eine ungewollte Nebenbedeutung an.

Ich schloß die Wohnungstür auf und ließ ihn hineingehen. Zögernd ging er weiter und blieb vor dem Bücherregal neben dem Bett stehen. Einen Moment lang sah es aus, als wollte er sich die Buchtitel anschauen, dann drehte er sich plötzlich zu mir um und sagte: »Ich nun wieder! Du mußt ja denken, ich wäre mitgekommen, weil du so ein interessantes Bücherregal hast!«

Er nahm mich in die Arme und fing an, mich zu küssen.

Tadellos.

Nicht jedesmal habe ich Glück in der Liebe. Den größten Irrtum, den ich je mit nach Hause genommen habe, hatte ich ein paarmal im Park gesehen, wo er mit seinem Söhnchen spielte. Er war so lieb zu seinem Kind, deshalb glaubte ich, es mit einem netten Mann zu tun zu haben. Aber reingefallen! Als er erst einmal an meinem Küchentisch saß und ich unser Rendezvous nicht mehr rückgängig machen konnte, servierte er mir einen ausführlichen

Vortrag über seine Arbeit an der Universität, seine gescheiterte Ehe und seine Depressionen. Wenn dieses Gespräch in einer Kneipe stattgefunden hätte, dann wäre ich sicher ziemlich schnell davongestürzt, aber im eigenen Haus ist das ja leider nicht ganz so einfach.

Jemanden für die Nacht einladen, ist ein heikles Unterfangen. Der Mann, der sich eben noch angeregt unterhalten und sich keine Sekunde lang überlegt hat, ob sein Auftreten uns denn wohl gefiele, wird, wenn wir erst mit ihm allein sind, sehr schnell zum Hanswurst. Er kannte vom Stück nur den ersten Akt. Jetzt, wo er bei uns ist, weiß er nicht mehr, wie es weitergehen soll.

Und dann kann natürlich eine Menge schiefgehen.

Wenn ein Mann aus Nervosität ein ernsthaftes Gespräch beginnt, dann können wir nicht zu ihm sagen: »Ja, ja, alles gut und schön, aber dazu sitzen wir doch nicht hier«, und deshalb wird stundenlang weitergeredet, es wird immer später und immer schwieriger, es im Bett noch ein bißchen nett zu haben.

Aber zu überstürzt handeln ist auch nicht gut.

In alten Zeiten, als die Männer noch sorglos durchs Leben gingen und nichts von den Rechten der Frauen wußten, bewiesen feurige Liebhaber ihr Können, indem sie sich wie ein Tiger auf ihre Verlobte stürzten und unermüdlich eine Nummer nach der anderen zum Besten gaben.

Natürlich wußte ich es sehr zu schätzen, daß sie sich bei ihren Besuchen dermaßen Mühe gaben, aber es war so schwer für mich, mich an der Sache zu beteiligen.

Als die Frauenbewegung sich zu Wort meldete, wurde gleich zu Anfang festgestellt, daß es im Bett nicht mehr so weitergehen konnte. Uns war ein Licht aufgegangen, und wir wollten einen Orgasmus. Die Männer waren ziemlich überrascht. Leistungen im Bett hingen plötzlich nicht mehr von der Potenz des Mannes ab, sondern von seiner Fingerfertigkeit, seiner samtenen Zunge und einer Dame, die ein bißchen mitmachte. Mit großem Eifer machten die Liebhaber sich an ihre neue Aufgabe. Vorbei war der feurige Liebestanz, und sie leckten, streichelten und rieben munter fürbaß. Das war natürlich nett gemeint, aber: Die Frau kommt auch dabei zu wenig zum Zuge. Sie scheint im Weg zu sein, wenn sie seine Liebkosungen erwidert.

»Wie möchtest du es?« flüstert er leidenschaftlich.

Was soll frau denn beim erstenmal bloß darauf antworten? Zuerst langsam, dann mit zunehmendem Druck der Finger, mit einer kurzen Pause in der siebten Minute? Das kann einfach nichts werden, deshalb denke ich mir einfach etwas aus, etwas, das die Stimmung nicht ruiniert, eine Aufgabe, die deutlich macht, daß ich zu meinem eigenen Vergnügen mit diesem Mann im Bett bin, nicht, um Punkte zu sammeln.

Ganze Stapel von Büchern sind über die Technik, die Folgen und die Probleme der rücksichtsvollen Liebe verfaßt worden. Jede Handbewegung, jede Haltung wird aufgeführt, aber nirgendwo steht, in welchem Moment und in welchem Tempo ein Mann damit anfangen muß, sich als guter Liebhaber zu erweisen. Meiner Meinung nach liegt das Geheimnis des guten Liebhabers darin, daß er einer Frau das Gefühl vermittelt, ihre Gesellschaft und ihren Körper zu genießen. Mehr ist nicht nötig. Wenn er weniger gibt, dann hat er versagt.

Der Büstenhalter

Helen hatte einen blauen, verstärkten, Sophie einen rosa karierten, Nel einen weißen BH mit Spitzen, nur ich hatte gar nichts. Ich war zwölf, und die Zeit drängte langsam. Eines Tages war es soweit. Der erste Jungmädchen-BH wurde aus dem Wäscheschrank geholt, ein baumwollenes Kleidungsstück, das vor allem an einen Verband für eine schwerwiegende Verwundung denken ließ. Ich plärrte los, und das half. Mit meiner Mutter ging ich dann in ein Wäschegeschäft, um mir einen frivolen BH auszusuchen. Im Laden herrschte eine düstere Stimmung. »Ach ja, so ganz zu Anfang geht es wohl noch mit einem leichten Stück«, sagte die Verkäuferin und musterte mich abschätzend. »Wenn sie mehr Figur bekommt, muß sie etwas Gediegeneres tragen.« Ein prophetischer Blick!

Mit den zarten Formen nahm es bald ein Ende. Ich wurde das, was die Verkäuferin »oben schwer« genannt hatte. Das bedeutete, daß energische Maßnahmen ergriffen werden mußten. Meine Maße wurden ins Kundinnenregister eingetragen, damit die peinliche Frage nicht mehr gestellt zu werden brauchte, und die Schublade mit den seriösen Büstenhaltern wurde aufgezogen. »In dieser Größe haben fast alle einen Bügel, damit sie besseren Halt geben, und Sie haben die Wahl zwischen weiß, schwarz und fleischfarben.«

Während den Frauen jegliche Freude über weibliche Formen durch Fischbein und Binden vergällt wurde, taten die Männer das ihrige. Sie glotzten, starrten und

brüllten ihre Kommentare, als ob jemand mit einer Papp-
nase über die Straße gegangen wäre. »So sind die Männer
eben, daran wirst du dich schon gewöhnen«, sagten die
Frauen, die über jahrelange Erfahrung verfügten. Sie hatten recht. Nach einer Weile hörte ich das Flöten und Zischen nicht mehr, aber trotzdem versetzt es mir an jedem
ersten Blusentag von neuem einen Schock.

Aber ein gepfiffener Kommentar ist mir immer noch
lieber als Zischen oder Murmeln. Ich verstehe einfach
nicht, was sich so ein Mann von diesen hitzigen Geräuschen verspricht. Wir werden dadurch nicht entgegen-
kommender, und auf ihn wirft es doch ein komisches
Licht. Ich frage mich immer: Ob er im Bett wohl auch
zischt und murmelt? Nein, dann lieber ein bißchen pfeifen, davon hat man mehr. Der erste Preis für Straßen-
kommentare geht jedenfalls an den Straßenarbeiter, der
einer Frau bewundernd nachsah, als sie ihr Fahrrad durch
den Sand schob. »Ach wie schön«, rief er, »hast du aber
ein schönes Fahrrad!«

Die meisten Frauen sind mit ihrem Busen nicht zufrie-
den. Sie glauben, sie hätten zu viel oder zu wenig, und
Frauen mit idealer Oberweite klagen über die Form ihrer
Brüste. Das lernen sie schon früh. Nicht von ihren
Freunden, die finden alles schön, sondern von anderen
Frauen.

Gespräche über Körperformen sind ganz üblich unter
Frauen. »Ich hab so eine schwierige Figur«, seufzte
meine älteste Schwester bisweilen. Dann nickte meine
zweite Schwester verständnisvoll. Auch sie hatte so eine
schwierige Figur. Sie waren natürlich wunderschön,
meine Schwestern, aber etwas üppig versorgt, und das
durfte in der Twiggy-Epoche nicht sein. Jede Figur wird
übrigens als schwierig bezeichnet, denn Frauen finden

überall Probleme. Mit 13 hielt ich die Zeit für gekommen, die Welt wissen zu lassen, daß ich langsam erwachsen wurde. »Ich habe auch so eine schwierige Figur«, tat ich kund. Ein verblüfftes Schweigen folgte. Dann fällte meine älteste Schwester das vernichtende Urteil: »Du hast überhaupt noch keine Figur.«

Nach zehn Jahren mit Bügel-BHs, Striemen und Schrunden warf ich meinen BH in den Mülleimer. Die Feministinnen hatten das Sagen, und sie hielten es nicht länger für nötig, sich dem von der Männergesellschaft geprägten Idealbild zu unterwerfen.

Hängebusen, Spitzbrüste, zwei Erbsen auf einem Brett, alles war erlaubt. Anfangs wurde dagegen allerdings protestiert. Nicht von den Männern natürlich. Die glotzten, zischten und pfiffen unverdrossen weiter. Ein gebildeter Herr brachte seine Freude darüber zum Ausdruck, daß die Vorkriegsdünungen zurückgekehrt seien. Nein, wer empört war, waren die Frauen.

Daß junge Mädchen keinen BH trugen, fanden sie noch verzeihlich, wenn auch ungesund. »Später kriegst du Hängebrüste«, prophezeiten sie, »das zarte Gewebe muß gestützt werden, sonst dehnt sich die Haut, und dann ist deine Figur im Eimer.« Ich fand dieses Argument immer wunderlich. Ob dem zarten Pogewebe wohl dieselbe Gefahr drohte? Hängehintern sehen wir doch oft, und bisher hat sich niemand daran gestört. Für Frauen über 25 galt es als unbedingt bedenklich, keinen BH zu tragen. Die Frauenzeitschriften lancierten den Bleistifttest. »Klemmen Sie einen Bleistift unter Ihren Busen«, schrieben *Libelle*, *Margriet* und *Viva*. »Dann stellen Sie sich gerade hin. Wenn der Bleistift zu Boden fällt, dann können Sie getrost ohne BH gehen, wenn Sie das möchten. Wenn der Bleistift hängen bleibt, dann sollten Sie wirklich einen tragen.« So versuchten die Zeitungen, die Freiheit einzugrenzen.

Und wie stand es nun mit der neuesten Frühlingsdiät, der einfachsten Sommerdiät, der leckersten Winterdiät, der Herbstdiät ohne Hunger und den Speiseplänen für alle Wochen zwischendurch? Ob die BH-losen Frauen sich wohl am »fünf Minuten Turnen, um die Extrapfunde loszuwerden« beteiligten?

Tatsächlich scherte ich mich zehn Jahre lang nicht mehr um die Vorschriften. BHs waren etwas für Trutschen, für die Damen mit den Slipeinlagen. Aber eines Tages nahm eine Freundin mich beiseite. »Willst du nicht endlich einen BH tragen?« fragte sie teilnahmsvoll. »Deine Figur ist auch nicht mehr das, was sie einmal war.« Ich protestierte und behauptete, ich hätte immer schon so ausgesehen, hätte mich in den zehn BH-losen Jahren nicht nennenswert verändert. Das bildete ich mir vielleicht ein, sagte die Freundin, die Zeit sei jedoch weitergegangen, und in den Augen der Welt sei ich keine emanzipierte junge Frau mehr, sondern eine alte Jungfer, die ihren Platz nicht kennt.

Die Männergesellschaft unterdrückt die Frauen, das steht fest. Aber Frauen machen auf ihre eigene Weise dasselbe. Und sie kennen die wundesten Punkte.

Liebe

»Die Einsamkeit zehrt«, seufzt Jetske, meine Freundin vom Lande. Sie lebt auf einem Bauernhof in Friesland. Wenn ich in Friesland bin, besuche ich sie immer und lasse mir ihre Abenteuer erzählen. Jetske ist 40, und vor zwei Jahren hat sie ihr Mann wegen eines jungen Dings von 25 im Stich gelassen, das Wandbehänge in Macramé-Technik knüpft und Yogitee trinkt. »Ich werde nicht mit der Einsamkeit fertig, und mit Frauen komme ich nicht gut zurecht, deshalb will ich einen Mann«, sagt sie.

Das Problem ist nur, einen passenden Mann zu finden. Das ist nicht leicht, denn Jetske kennt den Unterschied zwischen Liebe und Mitleid nicht. Der erste Verlobungs-kandidat, den sie sich ins Haus holte, war ein einsamer Mann, der tiefe Gefühle in ihr weckte. Er hatte die Hüfte gebrochen und war deshalb auf Hilfe angewiesen. Jetskes Herz lief vor Liebe über. Hier war einer, der sie brauchte. Aber es ging nicht gut aus. Als der Patient wieder gehen konnte, stellte sich heraus, daß er nicht nur körperlich ein bißchen verkrüppelt war. Er griff Jetske mit eisernen Ge-genständen an und war oft betrunken. Mit Hilfe des Gen-darmen und eines stämmigen Nachbarn wurde er schließlich aus dem Haus entfernt.

In den ersten Wochen war Jetske darüber erleichtert, von dieser Tyrannei erlöst zu sein. Aber nach kurzer Zeit wurde sie wieder ruhelos. Die Einsamkeit zehrte. Sie hatte von einer Freundin über einen Mann gehört, der eine Unterkunft suchte. Er war sein Leben lang zur See gefahren und wünschte sich nun ein ruhiges Plätzchen auf festem Boden. Er wollte eine Frau. Genau das richtige für mich, dachte Jetske.

Leider war sie nicht die einzige Interessentin. Der Seemann hatte auf seine Kontaktanzeige vierzig Antworten erhalten. Vierzig Briefe von hübschen, netten, charmanten Damen, die ihn schrecklich gern an ihrer Seite haben wollten. Um einen vernünftigen Entschluß fassen zu können, quartierte der Seemann sich bei jeder Dame für einige Tage ein. So lebte er eine ganze Weile: Von einem Tisch voller Leckerbissen zog er zur nächsten Adresse weiter, um sich dort verwöhnen zu lassen. Auf Jetskes Bauernhof setzte er sich schließlich zur Ruhe. Sie wird es nie lernen.

Menschen wählen einander sehr sorgfältig aus, so unvorstellbar das auch klingen mag. Das Problem ist nur, daß eine dauerhafte Beziehung so schlecht mit unserer Vorstellung vom idealen Liebespartner übereinstimmt. Eine echte Frau, denken die Männer, ist schön, launenhaft, charmant und hilflos. Deshalb fallen sie auf ein schönes, unzuverlässiges, übellauniges Faß ohne Boden herein. Ein Freund von mir ist verrückt nach Brüsten. Damit kennt er sich aus. Er weiß genau, wie schöne Brüste auszusehen haben, welche Sorte dauerhaft ist, und welche nach dem dreißigsten Lebensjahr verwelkt. Er ist mit einer Frau mit Supertitten verheiratet. Sie ist jetzt 42, aber ihre Brüste ragen immer noch stolz empor. Das einzig Traurige ist, daß er sie nicht mehr anfassen darf. Zur Zeit schläft er in seinem Arbeitszimmer, und wenn seine Frau ihn erwähnt, dann sagt sie regelmäßig: »Der mit dem Einkommen.« Keine freundlichen Titten.

Frauen können das auch. »Ein Mann muß einen gemeinen Zug haben«, sagt Fietje Brom vom Café Brom immer. »Sonst ist er ein Schlappschwanz.« In der Hinsicht kommt sie nicht zu kurz. Jede Verliebtheit kostet sie ein paar tausend Gulden. Sie schwärmt nun einmal für Hochstapler. Sie glaubt, daß es an ihrem Sternbild liegt, und fragt sicherheitshalber alle neuen Männer erst einmal nach ihrem Geburtsdatum. Wenn sie in der Periode Widder geboren sind, ist sie besonders vorsichtig. Es ist kein hundertprozentig zuverlässiges System.

Aber Fietje Brom leidet nicht darunter. »Ich bin doch selber keine Traumfrau«, sagt sie. »Ich wende bei Männern ja auch meine Tricks an. Wenn die Sache zu gemütlich wird, ist er nicht mehr interessiert. Ein Mann ist schließlich Jäger.« Das sagen die Männer sich auch gerne. Sie betrachten sich als bis an die Zähne bewaffnetes Raubtier auf der Suche nach Beute. Und als ob das der absolute Glücksfall wäre, erobern sie dann eine tyrannische Schlafmütze.

Nette Männer, die kein zweiter Buffalo Bill zu werden versuchen, haben es schwer auf dem Markt. Sogar Frauen, die ihre Einsamkeit schrecklich gern auf zwei Personen ausdehnen würden, wollen keinen netten Mann. »Die Männer sind alle Arschlöcher«, sagte eine verzweifelte Freundin. »Kennst du einen Mann, der kein Arschloch ist?« – »Aber sicher«, antwortete ich und fing an, die positiven Ausnahmen aufzuzählen. »Der Schlaffi!« rief sie. Ein Haufen Elend wäre aus der Welt geschafft, wenn nette Männer endlich ihre Chance bekämen. An mir soll es nicht liegen.

Vor drei Verlobungen hatte ich eine Romanze mit einem Schweiger. Ich vermutete in seiner düsteren Seele eine unergründliche Tiefe und liebte ihn. Aber im täglichen Umgang war er eine Katastrophe. Fragen, die er überflüssig fand, beantwortete er nicht, und wenn Besuch da war, starrte er so verdrossen vor sich hin, als ob er auf die Straßenbahn wartete. Nach drei Jahren wußte ich mir keinen Rat mehr. »Was willst du denn bloß?« rief ich. Seine Antwort gab mir zu denken. »Lieber eine schlechte Ehe als gar keine Ehe«, sagte er. Seit damals habe ich viel gelernt.

Das Geheimnis eines glücklichen Liebeslebens ist in Wirklichkeit ganz einfach. An Verlobten besteht die große Auswahl, aber wir müssen uns klarmachen, wozu wir sie brauchen. Für eine ruhige Ehe sollten wir lieber einen Trankessel aussuchen, einen Liebsten mit Sinn für geregeltes Leben und häusliche Hobbies. Für eine abenteuerliche Beziehung bestehen größere Möglichkeiten. Schlechte Eigenschaften, Charakterfehler und andere Mängel sind kein Problem, so lange wir so einen nicht ins Haus nehmen. Aber die Menschen sind unvernünftig, sie wollen beides. Sie wollen Endivien und ein Fernsehquiz und abends dann noch einen heißblütigen Liebhaber. Das kann ja nicht gutgehen.

Sex

Hütet euch vor den Weltverbesserern! Germaine Greer, die Autorin von *Der weibliche Eunuch*, hat eine Theorie entwickelt, mit der sie das Sexualleben beeinflussen möchte. Ihr Buch heißt *Sex and Destiny* und ist in den Niederlanden als *Het lot van de vrouw* (in Deutschland unter dem Titel *Die heimliche Kastration*) erschienen.

Sie fragt sich, ob uns die sexuelle Revolution wohl etwas gebracht hat, das gut für uns ist, kommt dann zu einem negativen Ergebnis und verweist uns in die Toscana, wo wir neue und bessere Wege einschlagen können. Die waren vielleicht überrascht, die Jungs in der Toscana, als die Anhängerinnen von Germaine Greer im nächsten Sommer in großen Scharen in die Provinz geströmt kamen, voller Spannung die sexuellen Leistungen der Knaben vom Lande erwartend, der »servitori delle donne«, die ihren Samen unendlich lange zurückhalten können und die über die Männer lachen, die aus der Liebe keine verfeinerte Lebenskunst gemacht haben.

Germaine Greer, die Frau, die vor zehn Jahren noch energisch behauptet hat, daß eine Frau nicht klagen dürfe, sie wolle kein Sexobjekt sein, weil sie mit diesen Worten schließlich selber zugäbe, daß das immerhin möglich sei, Germaine Greer, die fand, Frauen müßten sich beherzt und enthusiastisch mit Männern zusammentun, mit denen sie im Bett Vergnügen haben, denn »unsere Sexualität ist unsere Neugier«, dieselbe Greer serviert uns jetzt die weise Lektion für junge Mädchen, sie dürften sich nicht durch den erstbesten Mann benutzen lassen, sondern müßten fordern, daß er sich zum kreativen, bequemen Liebhaber entwickelt. Kreativ bedeutet hier das Ersinnen von immer neuen Liebkosungen, die der Partnerin Musik entlocken, bequem ist das Zurückziehen seines Schwanzes vor seinem Orgasmus, denn die neue Devise heißt Coitus Interruptus.

Pille und Spirale, Kondome und samenabtötende Mittel haben die Menschen promiskuös und phantasielos gemacht. Laut Greer bringt der Coitus Interruptus mehr Leben in die Beziehung. Wie alle Sittenprediger führt sie zur Untermauerung ihrer Theorie Naturvölker an, die Massai und die toscanischen Bauernburschen, lauter wie Gold und unverdorben, da sie aus Mangel an Verhütungsmittel aus dem Sex noch etwas machen.

»Und vielleicht können wir schließlich erleben, daß unsere jungen Männer ebenso elegant werden wie die Junggesellen der Massai, daß sie, wie die Jungen aus der Toscana, stolz sind auf ihre sexuellen Fähigkeiten und daß unsere Mädchen mit zufriedenem Gesicht herumlaufen.«

Ich mißtraue allen, die mehr als einen Menschen gleichzeitig glücklich machen wollen. Ich mag die Art nicht, in der solche Reiseleiter uns ins Schlaraffenland führen wollen und das Leben, das sie vor der Bekehrung geführt haben, heruntermachen, und von ihren Verheißungen für die Zukunft halte ich auch nichts.

Was ist denn gegen ein unsensationelles Liebesleben einzuwenden? Nicht alle wollen in ferne, fremde Länder reisen, manche Menschen spüren kein Verlangen nach einem abwechslungsreichen Beruf, und genauso wenig will jede Frau jede Nacht von einem Mann, der aus ihrem mehrfachen Orgasmus seine Selbstachtung gewinnt, in unbekannte Höhen geführt werden. Germaine Greer hält Sex zur Gemütlichkeit, als beruhigende Geste zwischen zwei Menschen, für ein Unding. In ihrem Buch zieht sie einen obszönen Vergleich mit Schmalzgebäck, in das Marmelade gespritzt wird. Warum darf Sexualität denn nicht alltäglich sein? Sonntagmorgens ein bißchen vögeln kann großes Vergnügen bereiten. Ich kann mir vorstellen, daß eine hochbegabte künstlerische Dame mit Lebenserfahrung wie Greer besondere Ansprüche stellt, aber müssen wir das denn alle?

Die aufregendsten sexuellen Abenteuer in meinem Leben habe ich mit Männern erlebt, mit denen ich auch ganz beiläufig vögeln konnte. Ich finde es eigentlich ganz angenehm, daß es nicht immer gleich gut gelingen muß. Ein Mann, der sich wohl fühlt und genießt, was kommt, ob es nun ihr Orgasmus ist oder seiner, und alles gern nimmt, was sonst noch dazu gehört, ist eine unterhaltendere Gesellschaft als so ein Tiger mit einem Orden für hervorragende Prostatabeherrschung. Was mich an Germaine Greers neuen Erkenntnissen auch so ärgert, ist, daß wieder davon ausgegangen wird, daß Frauen leicht über die Brücke kommen, wenn sie nur richtig angefaßt werden. Als ob Frauen nicht grob sein oder alles durcheinanderbringen könnten, weil sie loskeuchen oder etwas sagen, was den Mann völlig herausbringt. Immer dieses Gequengel über die Technik im Bett! Ich habe schon von ärgerlichem Pfuschwerk einen Orgasmus bekommen, während das verfeinertste Geprickel mich völlig kalt gelassen hat. Und ich bin bestimmt nicht die einzige, der das passiert ist, nicht die einzige Frau und nicht der einzige Mensch.

Am Ende sind wir nun also wieder, mit Frau Greer, beim Coitus Interruptus gelandet. Die Art, in der sie diese Methode proklamiert, erinnert an die Wiederentdeckung des Tangos, die Rückkehr des Minirocks, die Wiederbelebung eines vergessenen Brauchtums, aber es geht um etwas sehr viel weniger Unschuldiges. Verhütungsmittel sind wichtig für Menschen, die noch keine Kinder oder keine Kinder mehr oder überhaupt keine Kinder haben wollen. Coitus Interruptus ist erwiesenermaßen eine schlechte Methode. Viele Menschen haben ihm ihre ungeplante Existenz zu verdanken, etliche Familien ihren unerwünschten Umfang und ihre unfreiwillige Armut. Ich finde es unvernünftig, Liebestechniken und Verhütungsmethoden durcheinanderzuwerfen. Wer keine Kinder will, muß dafür sorgen, daß keine Kinder gemacht werden. Eine Frau, die einen besseren Liebhaber will, muß sich einen suchen oder zusammen mit einem interessierten Mann gemeinsam lernen. Ekstase kommt nicht aus einem Buch und auch nicht aus einer Flasche und schon gar nicht aus den Vorschriften einer Dame, die schon alles gesehen hat, so wie Germaine Greer.

Geschenke als Maßstab

Mit Kees und Jetty klappt es nicht gut. Ich habe sie auf Kees' Geburtstag getroffen, und die Anzeichen waren nicht zu übersehen. Kees trank zuviel, und Jetty zischte ihm Ermahnungen zu.

Das kann natürlich auf einen schlechten Tag in einer ansonsten sonnigen Beziehung hinweisen, aber die Lage hat sich doch als wesentlich ernster herausgestellt. Psychologen in den USA haben versucht, den Stand einer Romanze in Zahlen auszudrücken.

Als Maßstab nahmen sie die Häufigkeit, mit der die Beteiligten an der Beziehung einander ansahen, und die Menge der miteinander gewechselten Worte. Das ist natürlich Blödsinn. Niemand hält sich genauer im Auge als übellaunige Ehepartner, und Schweigen kann ein tiefes gegenseitiges Verstehen zum Ausdruck bringen. Es gibt einen besseren Maßstab, eine unfehlbare Skala, die sich auf jede Liebesbeziehung, hetero, homo oder sonstwie, anwenden läßt.

Nämlich das Geburtstagsgeschenk. Daran läßt sich genau ablesen, wie es mit der Liebe steht, und deshalb tun es auch alle. »Was hat er dir geschenkt?« fragen Freundinnen. Das ist eine Ehrensache. Chic und befriedigend ist es, melden zu können, daß wir eine schöne Radierung oder einen prächtigen Füllfederhalter bekommen haben. Solche Geschenke weisen auf Respekt, Bewunderung und tiefe Zärtlichkeit hin.

Von einer Einkaufstasche oder einem Ladyshave läßt

sich nicht dasselbe behaupten. Vor zwei Monaten hatte Jetty Geburtstag. Schon damals habe ich an ihrem Glück gezweifelt. Kees hatte ihr ein Wochenende in Paris geschenkt. »Wie schön!« riefen alle, aber Jetty lachte bitter und erzählte, daß Kees schon in den Weihnachtsferien nach Paris gewollt hatte, aber damals war so schlechtes Wetter. Und es gab auch keine Ausstellungen, die ihn interessierten. Nun ja. In den Gesellschaftswissenschaften müssen wir eben gut aufpassen: Nicht nur das Geburtstagsgeschenk ist wichtig, sondern auch die Bedeutung, die dieses Geschenk für die beschenkte Person hat. Ein Freund von mir verehrte seiner Frau zum Geburtstag einen hübschen Zinkeimer.

So einen Eimer findet man wirklich nicht alle Tage! .dachte er und freute sich schon auf das überraschte Gesicht seiner Frau. Und sie war tatsächlich verblüfft. Den Eimer hat sie nicht ein einziges Mal benutzt, und kurz nach ihrem Geburtstag verliebte sie sich in einen anderen.

Als Kees und Jetty noch nicht lange zusammen waren, kaufte Jetty immer wieder kleine Geschenke für Kees: einen Strauß Schneeglöckchen, sexy Unterwäsche, einen Spielzeuglastwagen oder ein schönes Buch. Zum Geburtstag bekam er teure Oberhemden oder elektronische Geräte, einen Radiowecker, eine Drehantenne. In diesem Jahr hat sie Kees eine braune Aktentasche geschenkt. Ein deutliches Signal.

Früher waren Geburtstagsgeschenke nicht so wichtig. Zur Verlobung schenkte man seiner Zukünftigen einen Ring. Wenn der Bräutigam diesen Akt tadellos absolvierte, war er für den Rest seines Lebens befreit. Zum Geburtstag schenkte er Blumen oder Konfekt. Er selbst bekam jedes Jahr ein Fläschchen Rasierwasser und einen Schlips. Das ist vorbei. »Ein Schlips ist ein unmögliches

Geschenk«, sagte mir ein Mann, der sich mit modernen Umgangsformen auskennt. »Die Krawatte ist ein wikingisches Erbstück. Die Wikinger demütigten ihre Kriegsgefangenen, indem sie sie dazu zwangen, einen Strick um den Hals zu tragen. Der Wikinger brauchte dann nur am Ende des Strickes zu ziehen, wenn er in seiner Trunkenheit plötzlich das Bedürfnis verspürte, einen Gefangenen zu erdrosseln.« Das hat mir vielleicht einen Schrecken eingejagt! Was wohl der Ursprung des Rasierwassers sein mag?

Bei einer schönen Romanze kann man nicht sparsam genug sein. Deshalb müssen wir sorgfältig nachdenken, ehe wir ein Geschenk kaufen. Wir müssen auch in die Zukunft denken, denn es kommt schlecht an, wenn wir nach ein paar Jahren das Niveau der ersten Geburtstage nicht mehr halten können. Deshalb ist Videorecorder oder Rennrad keine gute Idee. Es ist unmöglich, im ersten Jahr ein Rennrad zu schenken und im nächsten Jahr dann mit einer blühenden Hortensie angetanzt zu kommen. Teure Geschenke sollten lieber ohne besonderen Anlaß überreicht werden. Dann ist die Überraschung größer, und dem Geschenk wird weniger Gewicht beigemessen. Diese Lektion habe ich vor ungefähr zehn Jahren gelernt. Damals war ich in einen Mann verliebt, der von Sozialhilfe lebte. Um ihn glücklich zu machen, habe ich ihm nacheinander einen Farbfernseher, eine Zitronenpresse und einen Tischstaubsauger verehrt. Als sein Haus voll war, hatten wir uns nichts mehr zu sagen.

Zeig mir dein Geschenk, und ich sage dir, wer du bist. Anne, zum Beispiel. Anne ist keine Frau, sondern ein Friese. Wenn ich Anne beschreiben will, dann verfalle ich ganz von selber in eine negative Ausdrucksweise. Er hat kein Haus, er wohnt manchmal in Friesland bei seiner

Mutter, manchmal in Delft bei seiner Schwester und manchmal auf der Bank im Büro eines Freundes in Amsterdam. Seit einigen Jahren hat Anne mehr oder weniger eine Freundin. Anfangs betonte er immer wieder, wie sehr er sie liebte, aber daß er sich doch als freier Mann betrachtete. Das hatte die Freundin dann schließlich satt. Sie nahm einen anderen. Seitdem schlägt Annes Herz nur noch für sie. Sein Geburtstagsgeschenk vom letzten Jahr ist bereits bezeichnend: Eigentlich wollte er ihr schöne Wäsche schenken, traute sich aber nicht in den Laden. Als Geburtstagsgeschenk ist er dann mit ihr in einem teuren Restaurant essen gegangen. So ist Anne: Nach dem Essen war vom Geschenk nichts mehr zu sehen.

Es ist schon lange bekannt, daß Paare sich zu Weihnachten die aufgesparte Bitterkeit heimzahlen. Sie bereiten geschmacklose Überraschungen und schreiben Gedichte, in denen sie in Versen erzählen, wie sie über den anderen denken. Das ist erlaubt, denn Weihnachten ist anonym und unverletzlich. Das Umgekehrte passiert auf Geburtstagen. Vor den Augen von Verwandten und Bekannten wird der Umsatz der Beziehung präsentiert: Ein Büchergutschein ist unter aller Kritik, noch schlimmer ist ein Kunstgutschein; ein Oberhemd aus Acryl bringt tiefe Verachtung zum Ausdruck, ein Koffer bedeutet das Ausreisevisum. Und als ob es nicht schon schwer genug wäre, sich für jemanden, der schon alles hat, ein Geschenk auszudenken, steigen die Forderungen auch noch. Und niemand kommt ungeschoren davon.

Henk und Wies sind seit 23 Jahren verheiratet. Jedes Jahr hat Henk Wies zum Geburtstag einen schönen Blumenstrauß geschenkt. Das wollte sie nicht mehr. »Dieses Jahr möchte ich etwas wirklich Schönes, Henk«, sagte Wies. »Etwas, von dem du etwas hast und das nur mir gehört.«

»Alles klar«, sagte Henk. »Ein Zeitungsabonnement!«

Der Penis

Alle Männer haben einen Schwanz. Das muß auch so sein. Aber es scheint ihnen schwerzufallen, sich daran zu gewöhnen. Ich kenne Männer, die immer wieder von der Anwesenheit ihres Schwanzes überrascht sind. Als ob sie ihn gerade eben unter ihren alten Rechnungen entdeckt hätten und nicht so recht wüßten, ob sie ihn überhaupt behalten wollen. Sie zupfen daran herum, messen ihn oder geben ihm einen Namen. Ich bin schon allerlei Schwänzen vorgestellt worden: Das ist Jonathan, Keessie, Klein-Bert, Herr Visser.

Jonathan war ein Dussel, ein langer dünner von launischem Gemüt. Wenn er seinen Willen nicht durchsetzen konnte, dann schmollte er. Diese Eigenschaft teilte er mit seinem rechtmäßigen Eigentümer. Der hieß Dirk und setzte sich für Jonathans Belange ein. Das machte er ernst und gewissenhaft. Er verführte Frauen, um Jonathan zufriedenzustellen. Schöne Frauen mußten es sein, denn für ein gutes Gespräch war Jonathan nicht zu haben. Keessie war ein Prahlhans. »Ich kann in einer Nacht mindestens fünfmal kommen«, sagte der Mann, der zu Keessie gehörte. »Ich habe noch keine Frau unbefriedigt gelassen.« Damals erregten solche Männer noch meine Neugier, weil ich gern etwas lernen wollte. Leider war Keessie eine Enttäuschung: ein phantasieloser Schwanz, der nur *ein* Kunststückchen beherrschte. Klein-Bert war, wie auch Groß-Bert, ein Schlappschwanz, und Herr Visser schlief während unserer gesamten Begegnung.

Ich weiß wirklich nicht, was ich von einem Schwanz mit Namen halten soll. Vor ein paar Jahren habe ich in einer amerikanischen Zeitschrift einen Artikel gelesen, dessen Autorin einen absoluten Widerwillen dagegen empfand. »Männer, die ihrem Schwanz einen Namen geben, taugen nichts«, schrieb sie. »Sie ficken wie die Karnickel, gehen fremd, benehmen sich wie die Schweine und halten als Entschuldigung ihren kleinen Schneck hoch und behaupten, an allem wäre nur Klein-Willie schuld.«

Vielleicht hat sie ja recht. Ich habe bei Karnickeln mit miesen Manieren auch meistens die Flucht ergriffen. Nur beim ersten Fehlgriff habe ich anderthalb Jahre ausgeharrt, aber der hatte einen namenlosen Schwanz. Ein namenloser Schwanz garantiert allerdings noch keinen angenehmen Liebhaber, und umgekehrt funktioniert die Regel auch nicht: Ich kenne einen netten Mann, der immer wieder andere Namen führt. Wenn er ein Boot mit wohlklingendem Namen gesehen hat, dann ruft er abends seiner Freundin zu: »Seeadler möchte in See stechen!« Wenn er in der Zeitung liest, daß Fidel Castro eine Rede gehalten hat, dann sagt er: »Mein Fidel möchte das Wort ergreifen.« Seit einigen Monaten hat seine Freundin kaum noch Zeit für ihn. Sie schreibt ein Buch und ist nur am Wochenende zu Hause. »Remi, von allen verlassen«, gibt er traurig bekannt.

»Hast du deinem auch einen Namen gegeben?« fragte ich einen Mann, mit dem ich mich oft über andere Männer unterhalte. »Nein«, antwortete der. »Keinen Namen. Aber manchmal lasse ich ihn meine Freundin anrufen. Dann sagt er: ›Hallo! Hier ist Peters Schwanz. Wo bleibst du denn nur?‹«

Männer denken ganz anders über ihre Schwänze als

Frauen. Manche Männer glauben, Frauen hätten Respekt davor, wären beeindruckt, wenn ihnen eine mächtige Latte, eine stolze Erektion vorgeführt wird. Das stimmt nicht. Deshalb sind Exhibitionisten so mitleiderweckend. Der Exhibitionist möchte, daß die Frau schockiert ist, wenn sie ihn am Werk sieht, daß sie vielleicht die Flucht ergreift, daß sie jedenfalls sein Treiben ganz entsetzlich findet. Aber Frauen denken anders darüber. Sie prusten los, wenn sie so unerwartet mit einem Schwanz konfrontiert werden. Das ist natürlich nicht besonders höflich. Es ist mir schon mehrmals passiert, daß ein halb entkleideter Mann aus dem Gebüsch gesprungen kam oder daß er in einer Telefonzelle an seinem Docht herumpusselte. Beim erstenmal wußte ich nicht so recht, wie ich mich zu verhalten hatte, später habe ich dann immer applaudiert.

Es gibt auch Männer, die Schwänze komisch finden. Einer hat mir erzählt, daß er morgens sein Hemd an seiner Morgenerektion aufhängt und so ins Badezimmer marschiert. Wenn er seine Frau wecken soll, dann klopft er mit seinem steifen Schwanz auf den Nachttisch. Penishumor.

Freud glaubte, Männer litten an Kastrationsangst, fürchteten, ein gemeines Frauenzimmer könnte aus lauter Neid ihren Penis abschneiden. Ich selber beneide niemanden um seinen Schwanz. Ich finde es zwar ziemlich praktisch, im Stehen pissen zu können, ohne die Kleider ausziehen zu müssen, und vollautomatisch zum Orgasmus zu kommen, wenn der Mechanismus erst einmal in Gang gesetzt ist. Aber mein Neid hat mich noch nie auf die Idee verfallen lassen, einen Schwanz zu stehlen.

Soviel ich weiß, sind die Geschlechtsteile eines Mannes Frauen ziemlich gleichgültig. Es interessiert eine Frau nur wenig, ob ein Schwanz groß oder klein, gerade oder krumm ist, ob ein Mann einen Hängesack hat oder eine hübsche pralle Börse. Ich kenne eine Frau, die behauptet, daß sie nur Männer mit großen Schwänzen will, aber ich kenne auch den Mann, in den sie nun schon jahrelang verliebt ist: Er hat die Leidenschaft eines Fischleins, und wenn meine Erinnerung mich nicht täuscht, ist er ziemlich schmächtig gebaut.

Männer finden ihren Schwanz viel wichtiger als Frauen. Sie machen sich Sorgen über das Modell, das Akzelerationsvermögen, die Leistungsfähigkeit. Das einzige, womit sie recht sorglos umgehen, ist die Wartung. Die läßt deshalb auch oft sehr zu wünschen übrig. Warum kann ein Mann alles lernen, nur nicht, daß er nach dem Pinkeln seinen Schwanz saubermachen muß? »Ich schüttele ihn doch aus!« sagt er entrüstet, wenn eine Frau ihn taktvoll auf die Existenz von Toilettenpapier hinweist.

Ausschütteln, ausschütteln, was hat das denn mit Saubermachen zu tun? Und wenn mir noch ein einziges Mal ein schmutziger Penis in die Arme läuft, dann werde ich genau das tun, wovor Männer sich am allermeisten fürchten. Ich werde sagen: »Meine Güte, was für ein fieses kleines Ding!«

Das Kompliment

»Ach, ein kleines Kompliment brauchen wir ab und zu«, sagte die Dame im Zugabteil. »So sind wir Frauen eben.« Voller Abscheu betrachtete ich sie. Das kleine Kompliment, von dem hier die Rede war, hatte sie eben meinem unwilligen Verlobten entlockt. Sie hatte eine Anspielung auf ihr Alter gemacht und dabei so herzzerreißend geseufzt, daß er schnell den erwünschten Spruch gebracht hatte: »Nein, wirklich, gnädige Frau, schon 59? Das hätte ich aber wirklich nicht gedacht!« Dafür war sie eben Frau. Eine traurige Entschuldigung.

Jahrelang haben Frauen versucht, den Männern klarzumachen, daß wir denkende Menschen sind, keine Kostümpuppen, kein Teezubehör. Gehorsam haben die Männer es sich abgewöhnt, Frauen spielerisch auf die Wange zu klopfen oder in den Hintern zu kneifen, ihnen pflichtgemäß Komplimente über ihr Aussehen zu zollen, und nun sitzt hier doch wahrhaftig eine Dame, die die ganze gute Arbeit wieder zunichte macht.

Nicht, daß Komplimente zu verachten wären! Es ist höchst ermutigend, wenn jemand uns erzählt, daß unsere Frisur gut gelungen ist oder daß wir so hervorragend Französisch sprechen. Was mich ärgert, ist jedoch die Vorstellung, daß Frauen diese Art von Bemerkungen nötig haben, um ihre Existenz zu rechtfertigen. Galante Komplimente machen klein, und ein wirklich höflicher Umgang miteinander wird durch sie unmöglich.

Vor einiger Zeit besuchte ich mit einem Freund einen

Empfang. Es war eine würdevolle Versammlung mit höchst kultivierten Gesprächen und teuren Kleidern. »Was haben Sie für eine charmante Frau«, sagte beim Abschied der Gastgeber über mich.

Ich nehme an, daß der Mann es gut gemeint hatte, aber ich fühlte mich doch arg getroffen. Es war eine Bemerkung, die ein Hundeliebhaber über den gutdressierten Pudel der Nachbarin hätte machen können. Ich habe denn auch gebildet gebellt.

Komplimente sollen andere Menschen froh machen, sie ermutigen und anspornen. Wenn ein Mann einer Frau ein Kompliment machen möchte, muß er sich erst überlegen, was er damit erreichen will. Wenn er auf ihre Zustimmung zu seinen Ansichten aus ist, ist ein treffsicheres Kompliment bestimmt eine gute Methode.

Psychologen, die Laborratten im Austausch für kleine Kunststücke Futter gaben, haben festgestellt, daß Menschen durch Belohnung lernen. Wenn ein Mann jedesmal, wenn er Grünkohl zu essen bekommt, seiner Frau erzählt, wie wunderbar er sie findet, vergrößert sich die Chance, daß sie bald wieder sein Lieblingsessen kocht.

Je ausgefeilter das im Kompliment verborgene Urteil ausfällt, um so höher wird es bewertet. Schließlich erweist er sich hiermit als Kenner! Ein Mann, der ihre Arbeiten in der Küche mit verfeinerten Komplimenten bedenkt, kann damit rechnen, daß sie seine Ansicht über ihre Kochkunst für sehr wichtig halten wird.

Umgekehrt. funktioniert es auch. Betrüblich viele Männer machen sich kaputt, um Möbel zu verrücken, Koffer zu tragen und Kühlschränke zu stemmen, weil eine Frau ihre Blicke voller Wohlgefallen über seinen Bizeps hat gleiten lassen.

Ein Freund, der es besser wissen sollte, läßt sich immer

sofort dazu bringen, Bekannten gute Ratschläge zu erteilen, wenn sie ihre Frage so anfangen: »Du weißt doch immer so viel!«

Nette Männer machen Komplimente, weil sie uns bewundern. Das ist natürlich sehr angenehm. Nur sind sie dabei nicht alle gleich gut.

Ein Kompliment muß dem Gefühl von Selbstwert, das jemand hat, noch etwas hinzufügen. Einer schönen Frau mitzuteilen, daß man sie schön findet, hat deshalb wenig Sinn. Sie hat diese Bemerkung schon viel zu oft gehört, um mit Überzeugung darauf eingehen zu können.

Was oft als Kompliment aufgefaßt wird, ist ein persönlicher Herzenserguß, in dem ihre Schönheit eine Rolle spielt. Eine sehr schöne Frau hat mir einmal erzählt, daß sie zutiefst gerührt war, als ein Mann zu ihr sagte, es sei so wunderbar, sie anzusehen, so, als ob man aus dem Fenster schaue und es sei schönes Wetter.

Sie ist aber nicht nur eine blendende Erscheinung, sie kann auch Komplimente annehmen. Das ist eine seltene Eigenschaft. Viele Frauen machen vor lauter Verlegenheit eine verächtliche Bemerkung, um das Kompliment wieder rückgängig zu machen.

»Du hast aber ein schönes Kleid an!«

»Den alten Fummel? Jetzt übertreib aber nicht!«

»Ich sehe dich unheimlich gern an, weil du nicht so mager bist. Du bist so schön mollig.«

»Spinnst du? Ich bin doch der reine Elefant!«

Es ist wirklich nicht leicht. Wenn uns gerade jemand gesagt hat, daß wir schöne Augen haben, würden wir uns am liebsten für die netten Worte bedanken, unsere Augen beseitelegen und über etwas anderes reden. Das geht natürlich nicht, und deshalb geben wir uns schreckliche Mühe, weiter entspannt mit ihnen zu sehen.

Männer sind in dieser Hinsicht oft viel eleganter als Frauen. Sie laufen bei einem treffenden Kompliment zwar rot an und grinsen verdutzt, aber dann sind sie schnell darüber hinweg.

Der Komplimentemacher schliddert auf glattem Eis dahin. Seine Worte müssen nicht nur herzlich, ehrlich und federleicht sein, sie dürfen auch nicht zu oft ausgesprochen werden. Wenn ein Mann mit Komplimenten um sich wirft, dann gilt er alsbald als Schleimi. Wenn er niemals etwas Nettes sagt, dann ist das auch nicht richtig, dann ist er ein Miesepeter.

»Ein Kompliment ist ein kleines Geschenk, das du immer bei dir hast«, sagte ein poetischer Freund. »Und es macht größere Freude als die teuersten Juwelen.«

Genauso ist es. Vielleicht finde ich Damen, die Männern unbedingt Komplimente entreißen wollen, deshalb so widerwärtig. Geschenke bekommen wir, die erzwingen wir nicht. So sind wir Menschen eben.

Hurenkunden

Männer gehen zu Huren. Frauen nicht. Huren sind Frauen oder junge Männer. Es gibt alte und junge Frauen, die auf den Strich gehen, alte Männer dagegen prostituieren sich nicht. So einfach ist das: Männer wollen dafür bezahlen, daß sie mit einer Frau ins Bett gehen, egal, wie alt die Frau ist. Manche Männer wollen mit Knaben ins Bett. Frauen haben für Männer kein Geld übrig. Es gibt zwar Frauen, die jungen Männern für deren Dienste Geld geben, aber diese Dienste gehen dann über eine Runde Vögeln hinaus. Die einzige Schlußfolgerung, die wir daraus ziehen können, ist, daß eine Frau im Bett Geld wert ist, ein Mann dagegen nicht oder nur selten.

Idealisten sind verrückt nach Prostitution. Sie können bei diesem Thema so gut ihre Erkenntnisse über Gut und Böse loswerden. Nichts spricht die Phantasie so sehr an wie eine Frau, die aus Schamlosigkeit, Armut, geistiger oder sozialer Frustration ihren Körper feilbietet, nichts erscheint Moralisten so prickelnd wie ihr Kunde, der Freier, der aus Geilheit, Gefühlsarmut, sozialer Not oder Einsamkeit eine öffentliche Frau besucht. Religiös Gesonnenen erscheint die Hure als Sinnbild der Sünde, der Geldgier und der Unkeuschheit. Sie will nicht im Büro schuften, bis sie Hausfrau und Mutter geworden ist. Sie will Geld verdienen, und sie hat eine schnelle Methode dafür gefunden. Das gefällt Gott nicht. Zum Glück wird sie gestraft. Niemand liebt sie.

Auch der Freier wird für sündhaft befunden, für ihn ist

jedoch Vergebung möglich. Er ist schließlich das Opfer der Verführung, der Listen des Bösen. Das ist eine schöne Rolle, auf die die Komödie der Bekehrung nicht verzichten kann. Auch Weltverbesserer ohne Botschaft von oben können sich die Prostitution nutzbar machen. Um das Übel auf der Welt zu bekämpfen, braucht man ein klares Ziel, und Prostitution ist ein allgemein anerkanntes Übel. Es gehört sich nicht, so viel Geld zu verdienen, schon gar nicht durch Sex. Huren ziehen Arbeit und Liebe durch den Schmutz, finden Menschen, die es gut mit uns meinen. Der Freier kommt dabei auch nicht besser weg. »Ein Mann, der zu den Huren geht, taugt nichts«, sagt die Filmregisseurin Marleen Gorris. 1982 hat sie einen Film über Prostitution gedreht. »Prostitution macht Frauen zu einem Gebrauchsgegenstand. Das ist institutionalisiert, man findet es normal. Prostitution existiert, ohne daß sich jemand fragt, ob das für die Menschen denn gut ist. Prostitution bedeutet eine tiefe Verachtung der Männer gegenüber den Frauen. Darum geht es.«

In ihrem Film *Zerbrochene Spiegel* zeigt Marleen Gorris, wie schlecht die Männer sind, die zu Huren gehen. Wir sehen einen Kerl, der an der Bar in einem Bordell sitzt, auf seine Nummer wartet und in Erinnerung an die gute alte Zeit schwelgt, als die Huren ihr Handwerk noch beherrschten, und wir sehen Corpsstudenten, die sich wie die Schweine aufführen. Ja, so können wir auch die schlechten Seiten von Schwiegermüttern und Fahrradherstellern illustrieren. Gorris beweist vor allem, daß miese Typen sich im Bordell genauso übel benehmen wie anderswo. Die Prostituierten im Film sind Frauen mit kultivierten Stimmen, die ihre Arbeit nicht mögen. Und das ist ja auch kein Wunder. In allen Dienstleistungsberufen beklagt sich das Personal über die fehlenden Manieren der Kundschaft, über die Eintönigkeit der Arbeit und die psychischen Schäden, die man sich zuzieht, weil man immer so tun muß, als säße man zum Vergnügen da. Ein Angestellter der öffentlichen Verkehrsbetriebe würde uns dasselbe erzählen, eine Telefonistin auch. Der einzige Unterschied ist, daß die Gesellschaft sie nicht mit Verachtung betrachtet. Huren dagegen wohl. Männer und Frauen. Und wie steht es mit dem Freier? Abgesehen von dem Preis, den er für das kühle Vergnügen eines Orgasmus aus dem Stand bezahlen muß, wird auch ihm einiges an Verachtung zuteil.

Er gilt als bedauernswert, lächerlich, unreif und schlecht. Er selber ist auch nicht stolz auf seine Besuche bei öffentlichen Frauen. »Das Wohlgefühl, das der Freier auf seiner langen Wanderung sucht, wird durch sein Gefühl der Schande weitgehend eingeschränkt«, schreibt Ischa Meijer im Buch *Hoeren* (Huren). »Eine gewisse Anonymität ist die absolute Voraussetzung für seinen Genuß. Andererseits: Die Tatsache, daß er eventuell entlarvt werden kann, schafft eine Spannung, die untrennbar mit seinem Spiel verbunden ist.«

Die Erregung des Hurenkunden ähnelt der des Exhibitionisten, des Masochisten: der verbotene Genuß, die heimliche Liebe. Nicht jeder findet es befriedigend, in intimen Augenblicken eine vertraute Geliebte zu liebkosen. Manche Menschen wollen mehr. Sie wollen die Aufregung, die mit Sex verbunden ist, noch verschärfen, bis ihnen die Schauer über den Rücken jagen. Um das zu erreichen, muß etwas Abweichendes geschehen, eine andere Stellung, eine andere Umgebung, müssen sie draußen oder auf dem Küchentisch vögeln. Es gibt Menschen, die durch Schmerz oder Erniedrigung in Ekstase versetzt werden, oder durch spannende Phantasien von Sex mit jemandem, den sie nicht leiden können. Sexuelle Phantasien befassen sich oft mit unpersönlichem sexuellem Kontakt. Frauen träumen von Liebhabern, deren Gesicht sie nicht erkennen können, Männer lassen sich durch die mechanischen Handgriffe einer Nutte befriedigen, die durch ihr Make-up unsichtbar gemacht wird.

Ist ein Hurenkunde lächerlich? Natürlich. Sex ist immer komisch, wenn andere damit beschäftigt sind.

Aber moralische Entrüstung hat er nicht verdient. Die sollten wir uns für Weltverbesserer aufheben, die das Sexualverhalten in Ketten legen wollen, um die Freiheit der Menschen einzuschränken und schließlich zu ersticken.

Kosenamen

»Du bist vielleicht ein leckeres Sahnetörtchen«, seufzte mein Liebhaber. Verdutzt setzte ich mich auf. Ein Sahnetörtchen, der Mann hatte mich als Sahnetörtchen bezeichnet! Das war ein ziemlicher Schock.

Manche Menschen drücken ihre Leidenschaft durch liebkosende Vergleiche und Beinamen aus. Ich habe arge Zweifel an dieser Methode. Vielleicht mangelt es mir an romantischer Phantasie, aber ich kann meine ekligen Hintergedanken nicht unterdrücken, wenn ich höre, daß eine Frau als *Kätzchen*, *Täubchen*, *Hühnchen* oder gar *Fröschchen* bezeichnet wird. Eine Katze hat meistens ein weiches Fell, und das haben auch manche Frauen, aber ein Taube verbinde ich mit Kot, einen Frosch mit ziemlichem Lärm und ein Hühnchen mit mangelnder Intelligenz. Was hat das Tierreich denn überhaupt im Schlafzimmer zu suchen?

Auch die gangbareren Anredeformen, wie *lieber Schatz*, *Liebes* oder *Liebling* sind nicht sonderlich vertrauenerweckend. Sie kündigen nur allzu oft eine gewaltige Langeweile oder einen unmittelbar bevorstehenden Abwasch an. Ich bin häufiger *lieber Schatz* genannt worden, wenn ich etwas Dummes gesagt hatte, als wenn ich einfach nett auf jemanden zugegangen war.

Wenn mich jemand *Liebste* nennt, dann bedeutet das, daß diese Person mich unter allen anderen lieben Menschen auserwählt hat. Das ist natürlich wunderbar, aber wenn das Wort ein paarmal benutzt worden ist, beginnt die Bedeutung zu verblassen. Mit *Liebling* oder *Schatz* ist das auch nicht anders. Nur Verärgerung und Mißbilligung kommen vor dem Hintergrund dieser Worte wirklich gut zur Geltung. »Jetzt paß mal auf, lieber Schatz«, habe ich den Verlobten meiner Schwester oft drohen hören. Sie hatte allerdings einen ganz anderen Namen für ihn. »Hör mal, du alter Sack«, sagte sie mit strahlendem Blick. »Ich würde gern ins Kino gehen.« War das nun tiefe menschliche Einsicht, Spielerei oder eine düstere Vorahnung? Nach und nach klang das einst so zärtliche »Sack« immer grimmiger, bis meiner Schwester eines Tages aufging, daß sie es auch so meinte. Der Sack hat dann noch ein paar Monate mit Selbstmord gedroht, dann ist er aus ihrem Leben verschwunden. Nach einiger Zeit ließ sich ein neuer Verlobter auf Mutterns Sofa nieder.

Anfangs lief es ganz hervorragend mit der Romanze, und meine Schwester verkniff sich die Kosenamen, aber nach ein paar Jahren war es wieder soweit: »Alter Sack!« rief sie strahlend. Auch dieser Verlobte sollte nicht von Dauer sein. Er nannte sie übrigens ehrerbietig beim Namen.

Lämmchen, Hündchen, Schweinchen, Schnuffi, Süße, Möpschen, und es kann noch schlimmer kommen. In einer Familie, wo ich oft die Kindergesellschaften besuche, nennen die Eltern einander *Fürzchen* oder sogar *Furz*. Zur Abwechslung sagen sie auch schon einmal *Scheißerle* oder *Kacki*. Ob das als weniger liebevoll gilt als *Fürzchen*, kann ich nicht sagen.

In vielen Sprachen fehlt es an Ausdrücken, mit denen wir unsere große Liebe aussprechen könnten. Nach »ich liebe dich« ist unser Vokabular schon bald zu Ende. Armut also, und deshalb ist es auch kein Wunder, daß sich die Menschen so allerlei ausgedacht haben. Es gibt genug

Tiere, und sie können so ekelhaft, doof oder bissig sein, wie sie wollen, mit einem verkleinernden Anhängsel bringen sie die größte Zärtlichkeit zum Ausdruck. Und wenn das Tierreich uns nicht mehr gefällt? Dann können wir uns immer noch aus der Speisekammer oder zur Not auch aus der Skatologie bedienen.

Liebeserklärungen wird aufmerksam zugehört. Deshalb ist es ratsam, sie sorgfältig zu formulieren. Lebensmittel, Tiere, Fäkalien und abgegriffene Kosenamen eignen sich schlecht für ein so poetisches Ziel.

Einer meiner Freunde hatte eine nette Art, seine Leidenschaft in Worte zu fassen. »Wir gehen vielleicht lieb miteinander um!« rief er bisweilen. Oder: »Was sind wir doch ineinander verliebt!« Das hat wirklich etwas von Demokratie.

Ich weiß eine elegante Lösung für das Problem. Bei der Geburt bekommen wir einen Namen. Den geben uns unsere Eltern, in der Hoffnung, daß wir genauso sympathisch, tapfer oder geistreich werden, wie unser Name verheißt. Mit der richtigen Betonung können wir einem anderen Menschen mitteilen, daß wir finden, seine Eltern hatten recht, er mache seinem Namen Ehre. Das klingt wunderbar.

Jaap. Henk. Victor. Truus. Annie. Bep.

Der akademische Kuß

In meiner Jugend hat alles angefangen. Einmal pro Monat kam meine Großmutter zu Besuch. Darauf freute ich mich kein bißchen. Sie verteilte eklige nasse Küsse und kannte nur zwei Gesprächsthemen: Schule und Judokurs. Judo fand ich schrecklich. Weil ich klein für mein Alter war und deshalb feige und heulsusig wurde, wurde ich in der Schule arg gehänselt. Mein Vater meldete mich zum Judo an, aber das half auch nicht. Den gelben Gürtel hatte ich zwar schon, aber noch immer erschien mir die Welt als Brutstätte von Feinden: von Menschen, die mich schlagen wollten, und Menschen, die mich küßten. Es gab verschiedene Sorten von Küssen. Nasse, schlappe wie die von Oma, und trockene, die von einem gemeinen Kneifen in die Wange begleitet wurden. Küsse mit Brillen, die gräßliche Verletzungen hervorrufen konnten, und Küsse, wie verklemmte Menschen sie geben: Nach der Umarmung wird dir ein energischer Stoß verpaßt, um dich wieder auf eigene Füße zu stellen. Auch vor diesen Küssen muß man sich schwer in acht nehmen.

Ich träumte vom Ende meiner Jugend, vom Groß- und Erwachsensein. Nie mehr, nahm ich mir vor, würde ich mich küssen lassen. Ich würde die Hand reichen, herzlich und freundlich.

Eine Zeitlang ging das gut. Ich kann mich jedenfalls nicht daran erinnern, daß ich nach der Abiturfeier noch irgendwen küssen mußte, wenn ich zufällig ins Zimmer kam. Studenten küßten nicht, die demonstrierten.

Und doch ist er wieder aufgetaucht, der akademische Kuß. Der eine behauptet, er sei aus Frankreich eingeführt worden, zusammen mit Ferienliebschaften und dem Existentialismus, die andere behauptet, er sei mit Existentialismus und Jazz bei uns eingetroffen. Niederländisch ist er jedenfalls nicht; Niederländer geben einen ordentlichen Schmatz – schlimm genug, aber bei weitem nicht so heimtückisch unvermeidlich wie der akademische Gesellschaftskuß.

»Das Land schmachtet unter der Küsserei!« sagt ein Freund, der sich einen pieksenden Stoppelbart zugelegt hat. Er behauptet, er sei ein Meister darin, seinen Bedrängern auszuweichen, aber vor kurzer Zeit bekam die Gastgeberin ihn doch zu fassen. Nach kurzer heftiger Jagd um eine Sitzgarnitur stellte sie ihn, und zählte: Eins, zwei, drei – dann bekam er die volle Ladung verpaßt.

Bei der Nachbesprechung sagte er mißmutig: »Es hat bestimmt bescheuert ausgesehen. Ich versuche immer, die Möbel zwischen mich und den Abschied zu bringen, aber diesmal hat es nicht geklappt. Manchmal bleib ich ganz lange, um den Augenblick der Entscheidung, ob es schon wieder sein muß, so lange wie möglich hinauszuzögern. Wenn alle anderen bereits gegangen sind, ist es vielleicht nicht mehr nötig, oder nur noch ein bißchen.«

Nicht jeder grämt sich über die vielen Küsse. Männer mit dicken Schnurrbärten sind total verrückt danach, Frauen mit rauchigen Stimmen auch. Mit warmem Blick schließen sie dich in die Arme und drücken dir das vorgeschriebene Quantum auf, ehe sie dich wieder gehen lassen. So gehört sich das eben in modernen Kreisen. Wer geküßt wird, gehört dazu, ist auch ein bißchen zum Künstler geworden.

Mit erhobenem Gesicht stehe ich da und harre des Augenblickes, wenn die Gegenseite sich zu mir vorbeugt. Das Gesicht entschwindet aus meinem Blickfeld, nach getaner Arbeit erscheint es wieder, in einer Nähe, die Intimität andeuten soll, eine Intimität, die zumeist nicht besteht. Rasch treten wir beide einen Schritt zurück. Wie soll es jetzt weitergehen? »Hallo!« rufe ich noch einmal, während ich auf etwas Besseres warte.

Der akademische Kuß kennt verschiedene Stilrichtungen.

Manchmal werde ich herzhaft auf beide Wangen geknutscht, als ob ich einen Glückwunsch verdient hätte. Das ist natürlich sehr angenehm, aber ich weiß nicht, wie ich mich dann verhalten soll. Mit tomatenrotem Gesicht stehe ich nach der Begrüßung da und grinse, und es dauert eine Weile, bis ich mich wieder gefangen habe.

Manche Männer versuchen es ganz vorsichtig. Links ein Häppchen, rechts ein Häppchen. Um sie nicht zu stören, mache ich gar nichts. Ich habe mit einem erfahrenen Mann zu tun, denke ich und hoffe, daß dieses Urteil zutrifft.

Dann gibt es auch Männer, die schummeln. Sie bücken sich nach links und nach rechts, aber jedesmal landet der Kuß dann auf deinem Mund. Wir müssen also darauf achten, daß wir nicht mitten im Kuß weiterreden.

Was genauso oft danebengeht, ist ein Kuß von jemandem, der es selber auch schrecklich findet. Mit dem Mut der Verzweiflung fängt er irgendwo an, links oder rechts, überlegt es sich dann auf halbem Wege und wendet sich der anderen Seite zu. Erschrocken ziehen wir uns zurück, ändern selbst auch die Richtung, und aller Wahrscheinlichkeit endet es unentschieden, und wir stehen Ohr an Ohr da.

Der Kuß einer geschminkten Frau ist eine besonders

erniedrigende Erfahrung. Sie will die Berührung mit ihrem Teint vermeiden, deshalb hält sie ihre Wange nah an unsere, dreht den Mund 90 Grad von uns weg und wirft mit angewiderter Grimasse das Geräusch eines Kusses in die Welt. »Was machst du da eigentlich?« habe ich mal einen rufen hören, der so einen Kuß serviert bekommen hatte. Diesen Mann hätte ich gern geküßt.

Kinder finden es unangenehm, von Hand zu Hand gereicht zu werden, und Teenagern ging das früher auch so. Das ist vorbei. Drei Küsse teilen sie aus, und das ist natürlich lieb und nett, aber bei mir kommt es trotzdem nicht gut an. Ich verstehe auch nicht, woher sie das haben, denn was weiß die heutige Jugend schon von schwarzen Rollkragenpullovern und Todessehnsucht? Verwundert sah ich einmal zu, wie sich eine Gruppe von Teenies voneinander verabschiedete. Sie standen Schlange! Nachdrücklich wurden die drei Küsse angebracht, treffsicher, von Herzen.

Warum finde ich das bloß so schrecklich?

»Es ist die Unsicherheit«, erklärt der Fachmann. »Deine Mutter küßt dich eben, das weißt du im voraus, und das ist nicht weiter schlimm. Aber wenn du irgendwo zu Besuch bist, weißt du nicht, ob es erforderlich ist, und die anderen wissen das auch nicht. Verzweifelt sehen die Menschen einander an. Die Köpfe kommen sich immer näher, und noch immer wissen sie nicht: Sollen wir küssen? Das schlimmste ist, wenn einer sich gerade zum Kuß entschlossen hat und der andere eine Musikkapelle vorbeigehen sieht. Dann hängt der erste mit gesenktem Kopf und gespitzten Lippen in der Luft.«

Warum machen wir einander das Leben so schwer? Warum dürfen wir nicht tschüß! Nett gewesen, sehn uns! sagen und verschwinden?

Auch der medizinische Aspekt der Sache gibt zu denken. Pfeiffersches Drüsenfieber können wir vom Küssen bekommen, Toxoplasmose, Zytomegalie und Hepatitis B. Fiebrigen Ausschlag und Herpes Genitalis, Grippe und Erkältungen werden durch Küsse übertragen. Scharlach und Lungenentzündung, Bronchitis und Rippenfellentzündung können wir uns holen, Lepra und TBC. Ganz zu schweigen von den nervösen Leiden, die entstehen können, wenn wir immer wieder gegen unseren Willen küssen müssen.

Lange Menschen richten sich so gerade auf, daß sie von unerwünschten Begrüßungen nicht erreicht werden können, sehr dicke Menschen schieben ihren Bauch vor. Ich kenne einen Mann, der ein so saures Gesicht machen kann, daß der Kuß auf jeglicher Lippe verdorrt, und eine Frau, die schlankweg ruft, daß sie durchaus nicht vorhat, die ganze Gesellschaft abzulecken. Ihre Methode bringt übrigens alle weiteren Annäherungsversuche zum Erliegen.

Ich stehe wehrlos in der Tür und konzentriere mich. Sorgfältig zielen, keinen Fehler machen, leichthin lächeln und nicht schielen. Muß der auch, kenn ich die, darf ich diesen nassen abwehren, war das Rasierwasser oder Deodorant? Wäre ich bloß lang, wäre ich bloß dick, wäre ich bloß weit weg!

Gequengel

Männer schimpfen. Wenn das Auto nicht anspringen will, wenn das selbstgezimmerte Bücherbord aussieht wie eine Hängematte, wenn er im Stau steckt, dann fängt ein Mann an zu schimpfen. Das tut er aus Ohnmacht. Männer legen Wert auf Fähigkeiten. Autos müssen fahren, Maschinen müssen laufen, die Technik kann alles, warum soll er also mit einer leeren Batterie, einer roten Ampel und einem mißratenen Bücherbord dasitzen? Sein Gesicht läuft violett an, er ballt die Fäuste, macht die Schultern breit und brüllt los. Das schert Maschinen und Bücherborde nur wenig, die einzige, die sich daran stört, ist seine Frau. »Also hör mal«, sagt sie genervt. »Nun fluch doch nicht so!« Gut, daß sie das sagt. Jetzt kriegt sie die volle Ladung ab. Ihn erleichtert das wunderbar, und sie wird damit fertig. Der Arsch, denkt sie. Er kann nichts und reißt auch noch den Schnabel auf!

Früher hielt ich das für eine Temperamentsfrage. Der eine wird nun einmal schneller wütend als der andere. Robbie geriet ziemlich schnell aus der Fassung. Jeden Tag passierte etwas, worüber er in Wut geriet. Der frischgekaufte Sonnenschirm wurde vom zartesten Windhauch umgeworfen und riß im Fallen das dazugehörige Gartentischchen gleich mit um. Das Finanzamt ordnete weiterhin Zwangsgelder an, obwohl Robbie schon längst gezahlt hatte, die Bushaltestelle war ohne Ankündigung verlegt worden, und alle Knöpfe sprangen von seinem neuen Oberhemd. Er hatte es wirklich schwer.

Anfangs versuchte ich, ihm beruhigend zuzureden und dadurch seinen Zorn zu dämpfen, aber das half nicht. Schließlich sah ich ein, daß sich nicht viel machen ließ. Dieser Mann hatte nun einmal das Gefühl, daß die leblosen Gegenstände sich gegen ihn verschworen hatten, und darauf wußte er nur eine Antwort: Schimpfen. Der Vorteil des Schimpfens ist, daß es laut und deutlich stattfindet. Deshalb ist es nicht schwer, einen angenehmen Mann von einem Nervenbündel zu unterscheiden. Ein Mann, der viel und energisch schimpft, ist machtlos, und die Frau, die etwas mit ihm anfangen will, muß selber wissen, wie sie zurechtkommt.

Frauen schimpfen nicht, Frauen quengeln. Quengeln ist ein Kampfsport. Der Gegner ist der Mann. Es ist bei weitem nicht so amüsant, gegen elektronische Apparate oder Maschinen zu kämpfen als gegen einen Mitmenschen, finden Frauen. Die primitivste Form ist das Quengeln über nicht eingelöste Versprechungen. In den Herbstferien wolltest du mit mir nach Paris fahren, und mußt du denn jetzt schon wieder in den Verein? Das sind die klassischen Themen. Es ist eine treffende Art und Weise, Unzufriedenheit zum Ausdruck zu bringen, ansonsten wird nicht viel damit erreicht. Es gibt bessere Methoden.

Eine Freundin von mir hat einen Selbstbehauptungskurs gemacht. Sie selber glaubt, sich von einem schüchternen Mädchen zu einer energischen Frau entwickelt zu haben, aber ich sehe das anders. Sie hat ihre Quengeltechnik verbessert. Früher hat sie ab und zu leise geseufzt. »Ist was?« fragte dann ihr Freund. »Ach nein, laß nur«, seufzte sie. Das Traurige war, daß er dieser Aufforderung dann auch nachkam. Das würde er jetzt nicht mehr wagen. »Wir gehen im Moment ja wirklich selten aus, nicht?« sagt sie freundlich. »Wieso?« fragt er. »Möchtest du ausgehen?« – »Nicht doch«, sagt sie. »Wenn du weggehen willst, muß du es sagen«, meint er gereizt. »Nein, so will ich das nicht«, sagt sie. »Wenn du es nur widerwillig tust, dann macht es mir auch keine Freude mehr.«

Gekonntes Gequengel! Auch durch gezielte Fragen weiß sie allerlei zu erreichen. Wenn er eine gemeine Bemerkung macht, dann schweigt sie einen Moment. Danach fragt sie, wie er seine Worte genau gemeint hat. Die Kunst liegt darin, ihn zu einer ausführlichen Erklärung zu bewegen. Je länger er redet, um so mehr hört es sich an, als ob er einen Witz erklären wollte.

Auch die Wahl des Zeitpunktes ist von Bedeutung. Manche Frauen fangen an zu quengeln, wenn es gerade gemütlich ist. Früher habe ich das auch gemacht. An einem ruhigen Sonntagabend, oder nach einem schönen Film fing ich von Problemen an. Ganz vorsichtig, um die Stimmung nicht zu verderben. Das war natürlich miese Arbeit! Sofort verdüsterte sich seine Miene, und das Gespräch endete immer mit der Sorte Streit, bei der ich unweigerlich verliere.

Wer gut quengeln will, muß viel über den Gegner wissen. Frauen kennen sich beim Thema Männer hervorragend aus. Sie wissen nicht nur alles über ihren eigenen Mann, seine Gewohnheiten, seine Vorlieben, seine verrückten Ideen und seine wunden Punkte, sie sind auch bei den Theorien über den Mann im allgemeinen auf dem laufenden. Sie lesen die Fachliteratur.

Jede Woche stehen in den Frauenzeitschriften, neben den Rezepten für die schlanke Linie und den Strickmustern, Ausführungen über den Mann. Tiefschürfende Fragen werden aufgegriffen: Warum begreifen Männer nie etwas? Warum sind sie nicht über die prämenstruellen

Spannungen ihrer Bekannten informiert? Dürfen Männer weinen?

Kein Wunder, daß Frauen Expertinnen sind. Eheberater können das bestätigen. Wenn sie einen Mann bitten, seine Frau zu beschreiben, dann sagt er: »Oh, tja, naja, sie ist schon in Ordnung. Quengelt ein bißchen.«

Wenn eine Frau mit derselben Aufgabe betraut wird, dann beginnt sie mit einem langen Vortrag über den Charakter ihres Herzallerliebsten. Den hat sie schließlich eifrig studiert. Männer versuchen auch manchmal zu quengeln, aber das gelingt ihnen nicht besonders gut. Es bleibt auf dem Niveau von Gejammer. Sie klagen über die Umstände zu Hause, sie greinen über die früheren Liebhaber ihrer Frau. Das ist doch kein Stil. Gequengel muß sich anhören wie ein lebhaftes Gespräch, Gequengel muß verunsichern, den anderen in Zweifel stürzen, und vor allem muß Gequengel wie eine Degenklinge durch die Seele schneiden.

Verführen

»Möchtest du meinen Bärenklau sehen?« fragte der Mann in der Kneipe. Er hatte mir bereits anvertraut, daß er André hieß, und da mich das nicht sonderlich beeindruckt hatte, führte er noch seine Mitgliedschaft im Haager Kunstkreis mit ins Feld. Danach kam sein drittes und höchstes Gebot. Ein Bärenklau! Damals hatte ich noch keinen bäurischen Verlobten gehabt, und deshalb warf ich einen verwunderten Blick auf seine Hände. »Der ist riesig«, sagte André, »und ich wohne hier ganz in der Nähe.«

Im Garten stand wirklich ein gigantischer Bärenklau, aber André wollte mir noch mehr zeigen. Enthusiastisch schlang er die Arme um mich und beugte den Kopf. Ich auch. »Bis die Tage, André!«

André hatte nicht viel Erfolg bei seinen Verführungsversuchen. Eine Woche später sah ich ihn neben einer Frau von vielleicht zwanzig Jahren sitzen. Er hielt ihre linke Hand gefangen und war zweifellos damit beschäftigt, ihr die Zukunft vorherzusagen. Hinter ihrer rechten Hand verbarg sie ein gelangweiltes Gähnen.

Viele Männer bringen beim ersten Schritt in Richtung Bett einen Spruch an, einen werbenden Spruch, der klarstellen soll, daß die betreffende Dame es mit einem interessanten Gesprächspartner zu tun hat, ganz zu schweigen von seinen Qualitäten als Liebhaber.

Man könnte erwarten, daß ein reicher Schatz von solchen Eröffnungssprüchen vorliegt, und dabei ist das genaue Gegenteil der Fall. In den letzten Jahren hat sich allerdings einiges verändert.

»Was hat denn ein nettes Mädchen wie dich in dieses Loch verschlagen?« ist ebenso aus dem Umlauf verschwunden wie »Wohin sind diese schönen Beinchen denn unterwegs?« Auch »na, ganz allein unterwegs heute abend« hören wir nicht mehr, seit die Männer begriffen haben, daß Frauen, die ganz allein unterwegs sind heute abend, solche Bemerkungen überhaupt nicht zu schätzen wissen. Aber »kennen wir uns nicht irgendwoher?« ist immer noch beliebt, und »ist der Platz noch frei?« scheint unsterblich zu sein. Und hier ist ein neuer: »Soll ich vielleicht mal ein bißchen gemütlich bei dir wohnen?«

Im Bahnhof, wo ich manchmal warte, wenn ich Besuch vom Zug abholen will, höre ich oft den Wetterbericht als Köder. »Schönes Wetterchen«, sagen die Männer verführerisch. Ehrlich gesagt bringt mir das gar nichts. Sprachlos stand ich auch da, als ein moderner Mann mir kundtat, daß er mich für eine nette Frau hielt, weshalb er gern mal mit mir ins Bett wollte. Um ein Haar hätte er gefragt, um wieviel Uhr das Ficken losgehen könnte.

Ich glaube nicht an Verführen.

Ich finde, der Mann sollte nur etwas sagen, wenn er etwas zu sagen hat, sonst kommt doch bloß so eine ratlose Bemerkung dabei heraus, dazu verdammt, in der nachfolgenden höhnischen Stille zu verschrumpeln.

Ich kenne keine einzige Frau, die angenehm überrascht aufblickt, wenn sie die Frage hört: »Ist dieser Platz noch frei?« Ein Mann mit dringender Vakanz ist nun einmal nicht besonders anziehend. Wenn die Kneipen schließen, sehen wir ihn dann irgendwo am Tresen stehen. Er wäre so gern mitgegangen, aber niemand ist ihn holen gekommen. Er schaut noch einmal stirnrunzelnd in sein Glas, macht die Schultern schön breit, aber er wird übergangen. Er seufzt tief und bezahlt seine Zeche.

Das Geheimnis eines Mannes mit vielen Freundinnen ist, daß er nicht hechelt. In der Kneipe oder in der Kaffeepause geschieht alles zu seiner Zufriedenheit. Das strahlt er aus.

So wie ein Mauerblümchen durch seine eigene Verzweiflung dafür sorgt, daß niemand mit ihm tanzen will, wird der Verführer sein Leben lang Hände lesen und Sprüche klopfen. Ein netter Mann hat das nicht nötig. Wenn er eine Freundin sucht, dann geht er ins Museum oder in den Supermarkt. Da wimmelt es nur so von Frauen, mit denen er sich unterhalten kann, ohne daß sie denken: »Was will der Blödmann denn bloß von mir?«

Wenn er in die Kneipe geht, dann, um Gesellschaft zu haben, nicht, weil er sich vernachlässigt fühlt. Für eine Frau ist es viel angenehmer, ein Gespräch mit jemandem anzufangen, der sich ohne sie auch amüsieren würde, als mit einem Fußeisen, das beim geringsten Wohlwollen zuschnappt.

Wenn ein Mann mit mir spricht, als ob ich auch nur ein Mensch wäre, dann fühle ich mich wohl. Und wenn dann von einer gemeinsamen Nacht die Rede ist, dann muß niemand mehr verführt werden. Mit so einem Mann gehe ich gern aus. Oder nach Hause.

Die geschiedene Ehe

Eine schmerzlose Niederkunft, ein sanfter Tod und ein glückliches Leben. Das ist das Ideal. Die ersten beiden Wünsche erfüllen sich auch ohne Fee. Die westliche Geburt kann in jeder gewünschten Stellung stattfinden: hängend, liegend oder hockend, sie kann zu Hause oder im Krankenhaus durchgeführt werden, mit Musik oder mit Atemübungen, in Frauengesellschaft oder in Harmonie mit dem Erzeuger, vor dem Wochenende oder nach den Fernsehnachrichten. Und der Tod kommt zu vielen Menschen auf Pantoffeln. Wir haben es doch wirklich weit gebracht.

Nur mit dem Lebensglück liegt noch allerlei im argen. Das kommt durch die Liebe. Liebe ist ein unzuverlässiges Produkt. Sie wird ohne Nachfrage angeboten, die Lieferung wird bisweilen aus unbegreiflichen und unvorhersagbaren Gründen eingestellt; Liebe wird verweigert, auch wenn wir uns noch so sehr darum bemüht haben, Liebe wird verschachert, besudelt, verhöhnt und furchtlos aufs neue lanciert, als ob es sich um etwas ganz Neues handele, das es vorher noch niemals gegeben hat.

Es ist ja klar, daß eine Ehe, die auf Liebe basiert, nicht immer gleich stabil ist. Früher haben die Menschen nicht aus Liebe geheiratet, sondern aus finanziellen Gründen. Arme Frauen heirateten, um Essen kaufen zu können. Arme Männer heirateten, damit der Haushalt gemacht und die Kinder großgezogen wurden. Reiche heirateten, um noch reicher zu werden. Ob sie sonderlich glücklich waren, wissen wir nicht, aber vielleicht war das damals auch noch nicht nötig. Damals war es auch kein Vergnügen, geboren zu werden, und Sterben tat weh.

Wir können ohne Glück nicht leben. Allerlei Beratungsinstanzen verdienen dadurch ihr Brot. Zum Beispiel beraten sie bei Eheproblemen. Damit ist immer ein Risiko verbunden. Wenn die Ehe trotz der weisen Ratschläge des Therapeuten in die Brüche geht, ist die Therapie mißlungen. Die Beratung sollte immer zum Ziel haben, daß die Eheleute schließlich doch zusammenbleiben. Ein Eheberater braucht heutzutage allerdings keine großen Befürchtungen mehr zu haben. Wenn die Ehe scheitert, dann gibt es für die Partner immer noch die Nette Scheidung. Dazu brauchen sie nicht einmal verheiratet zu sein.

Für den Therapeuten hat dieser Wandel noch die angenehme Seite, daß er nichts Neues lernen muß. Dieselben Prinzipien, die zu gegenseitigem Verständnis und Verträglichkeit in der Ehe führen, sind auch die Zutaten, die zur Netten Scheidung nötig sind. Nur brauchen sie nicht über einen so langen Zeitraum zur Anwendung zu kommen.

Die Beteiligten an dieser neuen Scheidung sind oft so begeistert über ihren herzlichen Abschied, daß sie es für eine Sünde halten, damit jetzt aufzuhören. Warum soll eine Nette Scheidung denn unbedingt einen Bruch bedeuten?

Also halten sie miteinander Kontakt, sind voller Verständnis füreinander, selbstlos und solidarisch. Alles läuft im Grunde viel besser als während ihrer Ehe, finden sie, und für die Kinder ist es auch viel besser. Die Kinder haben jetzt übrigens eine ganz andere Funktion als früher. Vor Einführung der Netten Scheidung standen sie oft im Weg, als Personifizierung des Fiaskos, als Bodenhefe eines längst geleerten Bechers.

Das ist heute nicht mehr so. Nehmen wir Jan Willem. Der wohnt zwei Tage pro Woche bei seinem Vater in Abcoude. Sein Vater wohnt mit seiner Freundin zusammen, mit der Jan Willem sich gut versteht. Wenn Jan Willem in Abcoude ist, wohnt der neue Freund seiner Mutter bei ihr in Amsterdam.

Mit ihm und Jan Willem klappt es einfach nicht. Das liegt vielleicht daran, daß er nicht an Jungen gewöhnt ist. Er selber hat zwei Töchter, die drei Tage in der Woche bei ihm essen und Hausaufgaben machen, wenn ihre Mutter Spätdienst hat.

In den letzten Sommerferien haben die Erwachsenen zusammen ein Haus in Südfrankreich gemietet. Das war wunderbar, das finden sie alle.

Aber es läuft nicht immer so harmonisch ab. Die Eltern von Marieke und Jeroen haben sich in aller Freundschaft scheiden lassen. Sie glaubten, einander bei der Selbstverwirklichung zu behindern, und beschlossen nach einem fruchtbaren Gespräch, sich lieber als gute Freunde zu trennen, ehe der Frust ihre gegenseitige Zuneigung ersticken konnte. Seither schaut der Vater ein paarmal pro Woche nach Feierabend vorbei. Ab und zu bleibt er zum Essen, und dann ruft er seine Freundin Jeanne an, um sie auch einzuladen. Die Mutter von Marieke und Jeroen findet das sehr nett.

Aber seit einigen Monaten hat sich die Lage verändert. Jeanne ist nämlich schwanger. Es wäre doch logisch, das neue Brüderchen oder Schwesterchen nicht getrennt von den anderen Kindern aufzuziehen. Es wäre doch einfach nett, wenn Marieke und Jeroen und ihre Mutter dabei helfen würden. Und auch im Hinblick auf Jeannes Beruf wäre das eine gute Lösung. Dann könnte sie weiterarbeiten.

Nur verpatzt Jeanne alles. Sie will ihr Kind selber großziehen. Sie findet auch, daß das gemeinsame Essen jetzt ein Ende haben muß. Sicher ist sie ein bißchen eifersüchtig, meint der Vater, sie ist eben noch nicht so weit, daß sie einsieht, daß man Menschen nicht besitzen kann. Tja, sagt seine Ex, das mit dem neuen Kind war ja wohl auch ein bißchen unbesonnen. Sie hätte doch erst darüber sprechen müssen.

Nein, Maaike ist da doch viel nüchterner. Ihr Freund ist schon seit vier Jahren geschieden, aber trotzdem macht er weiterhin jeden Sommer mit seiner Familie Ferien. Dann schläft er im Doppelbett im Wohnwagen. Das macht Maaike aber nichts aus. »Ich bin doch sicher eine viel nettere Frau als diese Ex!« sagt sie fröhlich. »Jaap spielt durchaus nicht mit dem Gedanken, zu ihr zurückzugehen. Die Ferien sind gut für die Kinder, deshalb macht er das.«

Die Kinder profitieren in der Tat von der Scheidung ihrer Eltern. Zusätzlich zu den Sommerferien mit beiden Eltern fahren sie auch noch zweimal pro Jahr zum Wintersport. Einmal mit ihrer Mutter und einmal mit ihrem Vater und Maaike.

Früher brauchte ein Ex-Gatte nur dafür zu sorgen, daß die finanzielle Seite der Scheidung geregelt wurde und daß die Kinder ab und zu einen Tag im Zoo verbrachten.

Jetzt wird ein Ex vor eine schönere Aufgabe gestellt. Die Intimität der geteilten Welt macht einen Ex zu einer wichtigen Vertrauensperson. Alle Lebensprobleme können mit ihm oder ihr besprochen werden. Die charakterlichen Fehler sind schon ad acta gelegt. Schließlich sind

Exe nicht umsonst geschieden. Das macht sie so verzeihungsfreudig: Keiner von beiden kann noch enttäuschen, die Enttäuschung liegt hinter ihnen.

Die Frauenzeitschrift *Viva* hat es als erste verkündet. *Sex mit dem Ex* hieß der Artikel. Er war aus Interviews mit geschiedenen Menschen zusammengestellt, die die Spannung des Unschicklichen mit der Bequemlichkeit des Vertrauten verbanden. Phantastische Freuden erlebten sie im Bett, das noch vor wenigen Jahren nur unerfülltes Verlangen beherbergte. Und hat nicht Harold Pinter ein Theaterstück geschrieben über ein Ehepaar, das vorgab, außereheliche Liebschaften zu pflegen, sich aber miteinander betrog? Aus der Kunst können wir viel lernen.

Manchmal dauert es ein Weilchen, bis eine Ex-Beziehung aufblüht. Alte Bitterkeit muß sich erst legen, der Schmerz über den Bruch muß heilen. Bisweilen kann es über ein Jahr dauern, bis es etwas wird.

Bei manchen Menschen ist das jedoch anders. Die haben sich während ihrer Ehe zu Tode gelangweilt und vergessen einander, sowie die Scheidung ausgesprochen ist. Nicht einmal die Kinder können etwas daran ändern. Aus ihrer Ehe konnten sie nichts machen, und ebenso unbedeutend ist ihre Scheidung. Was für ein Jammer! Ein solches Verhalten zeigt nicht nur einen Mangel an Phantasie, es ist noch dazu arg altmodisch.

Ich selber verfüge über ein beeindruckendes Repertoire an Exmännern. Das gibt ein angenehmes Gefühl der Kontinuität. In der Liebe bin ich vielleicht etwas sprunghaft, aber meinen Exen bin ich ewig treu. Zum Glück wohnen sie nicht alle in derselben Stadt wie ich. Einer ist sogar nach Amerika ausgewandert. Wenn so ein Ozean dazwischen liegt, ist die Liebe noch weniger gefährdet.

Durch die Ex-Verlobten werden schöne Erinnerungen bewahrt. Die rauhen Kanten der traurigen Ereignisse haben sich geglättet. Mit meinen Ex-Verlobten bin ich wirklich glücklich.

Fiese Geräusche

Männer sind wirklich eine andere Sorte Tier als Frauen. Sie sehen anders aus und gehen auch ganz anders mit ihrem Körper um. Das können wir deutlich merken, schließlich machen sie aus ihrer körperlichen Haushaltsführung kein Geheimnis. Wenn wir einen Mann singen hören, dann wissen wir, daß er gerade ein Bad nimmt. Beim Spülen oder wenn er ein Bild aufhängt, singt er nicht. Unter der Dusche wohl, ziemlich laut sogar.

Woher kommt es bloß, daß Männer so geräuschvoll sind und Frauen nicht? Wenn ein Mann sich die Nase putzt, hört es sich an, als ob der Zirkus Sarassani im Anmarsch wäre, und der Gipfel ist der sportliche Mann, der sich auf Rennradweise schneuzt: Mit einem Finger hält er ein Nasenloch zu, während er das andere leert. Ich habe mich vielleicht erschrocken, als mir diese Methode zum erstenmal vorgeführt wurde.

Steckt Vertrauen dahinter oder Gleichgültigkeit? Fühlt ein Mann sich in Gesellschaft einer Frau so entspannt, daß er ihr die Details seines Körperlebens nicht verheimlichen mag, oder ist es ihm schnurz, daß sie leicht verlegen wartet, während er an einem Baum Wasser läßt? Ich habe keinen Hund, weil ich nicht weiß, was ich für ein Gesicht machen soll, wenn das Tier seine Bedürfnisse verrichtet. Mit einem Mann habe ich unterwegs dieselben Probleme. »Geh doch einfach weiter«, hat mir ein Liebster ärgerlich geraten. Aber das bringt's genauso wenig. Ich weiß nämlich auch nicht, was ich für ein Gesicht machen soll, wenn ich weitergehe. Ich gehe hier spazieren, und der Herr, der dahinten pinkelt, gehört nicht dazu? So geht das doch nicht!

Nicht, daß mich Männer anekeln oder daß ich leugnen will, daß ein Mensch ein Prozeß ist, ich will nur einfach nicht, daß sie mir ihre Körperfunktionen so unentrinnbar mitteilen.

Ich weiß von einem Mann, der das einmal fast begriffen hätte.

Auf einem Campingplatz ging er mit einer Rolle Klopapier zur Toilette. Dort waren alle fünf WCs besetzt von fünf Herren, die sich entleerten und dabei die Marseillaise sangen. Das gefiel ihm überhaupt nicht. Ich glaube nicht, daß eine solche Szene auf einer Damentoilette stattfinden würde. Frauen sind viel diskreter. Auch wenn wir krank sind, wollen wir doch lieber keine Schüssel am Bett stehen haben.

Eine Freundin erzählte mir mal, daß ihr Freund, den sie ansonsten für den nettesten Mann der Welt hält, beim Erwachen immer einen lauten Wind läßt, »oh, pardon!« ruft und ihn dann rasch mit der Bettdecke wegfächelt. Jeden Morgen. Als sie mir das erzählte, habe ich gefragt, ob sie nie mit dem Gedanken spielt, ihn aus dem Bett zu werfen. »Ach«, antwortete sie, »er meint das doch nicht böse.«

Es ist schon lange her, 1968, die Zeit, als alles möglich zu sein schien. Damals wohnte ich in Mississippi und hatte eine Verabredung mit einem mir unbekannten jungen Mann. Das hieß »blind date«, und ein »double« war es außerdem, weil eine andere Frau und ihr Freund auch mitkamen. Wir saßen in einer Diskothek und tranken Whisky, was in Mississippi etwas ganz Besonderes war. Es war alles ziemlich chic, wie chic, begriff ich erst, als ich mit meinen miesen Manieren gegen alle Regeln verstoßen hatte. Die andere Frau stand irgendwann auf und verkündete, daß sie ihr Make-up erneuern wollte. Ich nickte ihr wohlwollend zu, aber sie starrte mich weiterhin drängend an. »Kommst du nicht mit?« fragte sie. »Ich benutze doch kein Make-up«, sagte ich. »Willst du nicht... äh«, stotterte sie. »Nein«, sagte ich schroff. »Ich muß nicht.« Daraufhin erklärten die Jungs mir errötend, daß sie wohl mußten, und daß ein Herr aus dem Süden nur die Toilette aufsuchen darf, wenn die Damen auch gehen. Sonst säßen die Damen ja allein da und wären fremden Herren ausgeliefert. So reizend waren diese Jungen. Aber das ist schon lange her.

Haushalten

»Kochst du im Augenblick?« fragte eine langjährige Freundin. Zu der Zeit, als wir noch gemeinsam in der Stadt auf die Rolle gingen, weigerte ich mich, auch nur eine Dose Suppe aufzuwärmen. Kochen, nein, das machte ich nicht. Ich habe das von meiner Mutter. Meine Mutter hält Kochen für eine Strafe, und das hat mich geprägt. Ihre Mutter mochte es auch nicht, aber sie brauchte auch nicht, weil eine Großmutter bei ihnen wohnte, die gern kochte. Bei mir ging alles von Anfang an schief. Mit 20 bin ich mit einem Verlobten zusammengezogen. Zur Vorbereitung für ein langes glückliches Leben hatten wir eine Sitzgarnitur und einen Satz Kochtöpfe gekauft. In der ersten Woche verlief unser Leben noch ziemlich ungeregelt, aber eines Tages war es dann soweit: Mein Verlobter sah mich an und fragte: »Was essen wir heute?« Meine erste Mahlzeit bestand aus Frikadellen mit Endivien. Sie war kein Erfolg. Die Frikadellen waren zwar schön groß, aber innen nicht warm und auch nicht gar. Die Endivien knirschten zwischen den Zähnen.

Als die Beziehung beendet war und ein neuer Verlobter auftauchte, beschloß ich, es diesmal klüger anzufangen. Ich sagte sofort, daß ich in Haushaltsdingen unbegabt sei. Um klarzustellen, daß ich keine Betten machen konnte, zog ich die Laken schief und verstreute Krümel. Die Mahlzeit ging spontan daneben.

Auch beim Kleiderwaschen sollte ich lieber nicht zu gut sein, fand ich. Deshalb wurde ich farbenblind für den

Unterschied zwischen weißer und bunter Wäsche, bis dieser Unterschied verschwunden und alle Farben zu Blaßblau geworden waren. Der Verlobte betrachtete traurig seine Oberhemden. Danach gingen wir in den Waschsalon.

Das war seiner Mutter ein Dorn im Auge. Schade ums Geld, fand sie, und da sie sich eine vollautomatische Waschmaschine zulegen wollte, bot sie mir ihre alte an.

Ich entkam nur mit knapper Not. »Paul, deine Mutter hat eine Waschmaschine für dich!« rief ich und machte, daß ich wegkam. Das half. Wir bekamen die Maschine nicht. Der Verlobte Paul war sehr nachgiebig. Krümel im Bett fand er abscheulich, deshalb brauchte ich es nicht mehr zu machen, und er saugte jedes halbe Jahr einmal Staub. Öfter war es nicht nötig, fand er. Damit hatte er mich, denn ich sah den Staub durchaus. Paul konnte kochen: Gefülltes Entensoufflé und Gans. Keine Endivien, das machte ich. Nach der Arbeit kroch Paul hinter seine Zeitung und blieb dort bis gegen zehn Uhr. Ich servierte meine tristen Leistungen hinter der Zeitung. Wenn der Teller leer zurückkam, dann war Paul zufrieden. Voll bedeutete Fehlschlag. Dadurch verschied der Rest meines kulinarischen Enthusiasmus. Ich kochte nicht mehr.

Die meisten Streitigkeiten zwischen Menschen, die das tägliche Leben miteinander teilen, hängen mit Haushaltsdingen zusammen. Er spült nicht, sie quengelt. Meistens quengelt sie, weil der Mann sich zu wenig am Haushalt beteiligt. Die verletzendsten Szenen spielen sich ab, um das zu ändern. Im Wäscheschrank einer Freundin hing eine Liste der Haushaltsaufgaben, wie oft sie auszuführen waren und von wem. Ein Kreuzchen auf der Liste bedeutete, daß die Arbeit erledigt war. Das half nichts, die Liste zeigte Rückstände.

In Problemspalten wird der Rat erteilt, sich mit dem putzscheuen Ehegatten einmal auszusprechen, aber das ist natürlich Unsinn. Ein Mann, der nichts mit dem Haushalt zu tun haben will, sagt doch nicht, daß er Haushalt scheußlich findet. Er beteuert, daß er guten Willens ist, daß er aber ganz einfach nicht sieht, wann das Haus verdreckt ist. Wenn sie ihn nur darauf aufmerksam machen würde, daß gebohnert werden muß, dann würde er es sofort erledigen. Und damit ist die Frau wieder zum General über den Haushalt geworden und er zu ihrem bereitwilligen Gehilfen.

Das Traurige ist, daß die meisten Frauen zu nett sind, um mit so einem Mann kurzen Prozeß zu machen. Sie loben ihn, wenn er einmal spült oder den Müllsack nach draußen bringt, weil sie hoffen, daß er es dann öfter tut. Diese Methode bringt aber nichts, im Gegenteil. Wenn ein Mann die Dankbarkeit für geleistete Dienste garantiert haben will, dann muß er dafür sorgen, daß diese Dinge etwas Besonderes bleiben. Und dabei sind Männer oft sehr findig. Ich habe einen sehr bereitwilligen Mann gekannt, der immer wieder vergaß, wo der Staubsauger stand. Ein anderer konnte das Kochbuch nicht begreifen: Woher soll man denn wissen, wieviel 150 Gramm sind? Der Mann einer Freundin fand, daß gute Arbeit nur mit gutem Werkzeug ausgeführt werden könne. Er schaffte einen *food processor* an, eine Schabe- und Schneidemaschine mit Saftzentrifuge. Jetzt kocht er durchaus ab und zu eine Mahlzeit, die den Kindern nicht schmeckt.

Aber der erste Preis geht an den Mann, der mit Temperaturen, Wasch- und Bleichmitteln und Weiß-Bunt-Kombinationen experimentierte, um das Waschen in den Griff zu bekommen. Innerhalb von zwei Wochen hatte die Wäsche neue Form und Farbe bekommen, und er brauchte nicht mehr zu waschen. Das fand ich dumm von seiner Frau. Sie hätte ihn einfach weiter pfuschen lassen sollen. Am Ende sind seine Oberhemden ja auch ruiniert. »Das klappt nicht bei ihm«, sagte sie mißmutig. »Er zieht ohne mit der Wimper zu zucken ein verfärbtes Oberhemd oder ein eingeschrumpftes T-Shirt an. Aber –« fügte sie hinzu und ihr Gesicht erhellte sich – »ich habe doch viel daraus gelernt. Ich wasche jetzt immer die Papiere mit, die er in seinen Taschen vergessen hat, seine Notizen und Adressen. Das gefällt ihm überhaupt nicht. Und inzwischen lasse ich auch die Kaffeetassen auf seinem Schreibtisch stehen. Letzte Woche standen da schon vier. Gestern hat er sie aus freien Stücken in die Küche gebracht.«

Ein Grabenkrieg.

Bei mir ist alles dann doch noch gut ausgegangen. Seit ich mit keinem mehr zusammen wohne, koche ich manchmal für meinen Besuch. Und mein Besuch wäscht manchmal. Ganz korrekt, weiße Sachen zur weißen, blaue zur bunten Wäsche.

Häusliches Glück.

Fremdgehen

Schlappe Männer können es nicht, ängstliche Männer wagen es nicht, nette Männer tun es nicht, aber alle anderen erzählen regelmäßig von den schrecklichen Schlägen, die sie austeilen werden, wenn jemand es zu bunt mit ihnen treibt. Dann werden sie zu Gewalttätern, die ansonsten so ruhigen Knaben. Natürlich geht es um gerechte Anliegen: Ein Kerl versucht, ihr Auto zu knacken, jemand tritt einen bedauernswerten Hund. Über solche Dinge geraten Männer in Wut. Frauen sind anders. Wenn Frauen wirklich durchdrehen, dann wollen sie nicht raufen, sondern vernichten, und der Grund dafür ist immer Ehebruch. Nichts kann eine Frau so wütend machen wie ein Mann, der fremdgeht. Alle Kraft, über die sie verfügt, bündelt sie dann und schlägt zu, so hart sie nur kann. O nein, nicht mit Fäusten oder Fingernägeln, das sind Methoden für Neanderthaler.

Eine Frau kämpft mit Gefühlen, mit ihren, mit seinen und mit denen der anderen Frau. Das geht auf mancherlei Weise. Wenn der Mann auf Tränen reagiert, dann wird es zu Hause keinen trockenen Tag mehr geben. Mit ihrem Kummer, mit ihrem Elend wird sie ihn verfolgen, bis er seine Schuld mit Zinsen getilgt hat. Wenn der Mann ihren Mut bewundert, dann wird sie ihn dadurch bestrafen, daß sie seine Sachen kurz und klein schlägt. Eine betrogene Frau wird zur Furie. Fay Weldon hat darüber ein nettes Buch geschrieben. Es heißt *Die Teufelin*. Es handelt von einer ausgesprochen häßlichen Frau, die sich an ihrem Mann, der sie verlassen hat, und an seiner Geliebten rächt.

Die Geliebte ist schön, wohlhabend, sie schreibt Bücher, und sie wohnt in einem Leuchtturm. Zuerst steckt die Frau ihr Einfamilienhaus in Brand, so daß ihre beiden ungezogenen Kinder, der Hund und das Meerschweinchen kein Dach mehr über dem Kopf haben. Sie bringt alle zum Vater im Leuchtturm. Danach sorgt sie mit vielerlei Schlichen dafür, daß die halbsenile Mutter der Geliebten aus dem Altersheim entlassen wird und auch im Leuchtturm untergebracht werden muß. Die Geliebte dreht durch, mit der Liebe sieht es schlecht aus, und Bücherschreiben kann sie auch nicht mehr. »Schade, daß es so schnell geht«, sagt unsere Heldin. »Ich komme doch gerade erst in Gang.«

Ein schönes Buch. Wenn wir eine Frau fragen, was sie tun würde, wenn ihr Geliebter fremdginge, bekommt sie einen wachsamen Blick. Nette Frauen sagen, sie würden schrecklich böse werden, sie würden es nicht hinnehmen und vielleicht auch offen mit Gegenmaßnahmen drohen. Am gefährlichsten sind die Frauen, die eine vage Antwort geben: »Och, das weiß ich nicht so genau.« Vor denen sollten wir uns hüten. Alle Frauen rechnen damit, daß es passieren kann. Männer nicht. »Meine Bep geht nicht fremd. Sie ist nicht so.« Vielleicht haben sie recht. Sie müssen eben abwarten. Männer sind doch arg passiv, wenn es um Liebe geht. Im Bett wollen sie vielleicht manchmal etwas Initiative zeigen, aber das geht schnell vorbei.

Der Rest der Beziehung wird von der Frau geprägt. Sie liebt ihn. Liebhaben bedeutet für sie eine Reihe von Handlungen. Sie wäscht seine Socken, sie kommentiert seine Erlebnisse, sie schmiert ihm Butterbrote und hört

ihm zu, wenn er redet, sie ärgert sich über seine Gewohnheiten, sie macht sein Bett, sie hat Angst vor ihm, wenn er
schreit. Kurz, sie ist dauernd mit ihm beschäftigt. Wie
verächtlich sie auch über ihn reden mag, sie ist sich seines
Platzes in ihrem Leben immer bewußt.

Umgekehrt ist das nicht so. Der Mann läßt sich die
Liebe wohl gefallen. Er sonnt sich in Bequemlichkeit und
Versorgtwerden, er murrt, wenn seine Frau lästig oder
verdrießlich ist. Er vertieft sich nicht in sie. Wenn eine
Frau fremdgeht, ist der Mann natürlich schockiert. Er
bekommt einen Schreck, er grämt sich und versinkt in
ohnmächtiger Wut, aber was soll er denn machen? Er betrachtet es nicht als eigenen Verdienst, daß sie ihn liebt, es
ist eher ein angenehmer Zufall. Wenn sie mit einem anderen Mann ins Bett geht, kann er nichts daran ändern. Er
leidet darunter, aber er hat sie nun mal nicht an der Leine.
Eine Frau sieht das anders.

»Niemand liebt dich so wie ich«, findet sie, und des-
halb kann sie es nicht ertragen, wenn ein Mann sich ihrer
Liebe entzieht. Es ist, als ob ihr Betrieb konkurs ginge.
Alle Anstrengungen, die sie unternommen hat, um der
Liebe Gestalt zu geben, scheinen umsonst gewesen zu
sein. Die Erinnerungen haben plötzlich an Wert verloren.

»Es muß doch möglich sein«, sagen manche Menschen
in der Hoffnung, daß ihre Ehe dadurch modern wird. Es
ist aber nicht möglich. Es wird immer zum Drama. Aber
es kommt vor, und das ist vielleicht gut so. Echte Liebe ist
ein bißchen öde. Menschen, die einander wirklich lieben,
verstehen einander ohne Worte, helfen einander, ehe von
richtiger Not die Rede sein kann, beschönigen Charakterfehler und vergeben Fehlgriffe. Und als ob das nicht
schon schlimm genug wäre, haben sie sich auch noch aneinander gewöhnt. Untersuchungen haben ergeben, daß

Menschen, die sich seit Jahren lieben, keine fünf Minuten am Tag miteinander sprechen. Nichts zu klagen, nichts zu sagen. Ehebruch bringt ein bißchen Leben in die Bude. Wenn sie mit einem anderen Mann ins Bett geht, wallen schöne Gefühle in ihm auf: Verzweiflung, Neid, Zweifel. Und nicht einmal zu unrecht, denn Frauen gehen selten nur wegen der Geselligkeit fremd.

Männer sind in dieser Hinsicht weniger kompliziert. Sie finden es stark, wenn sie Eindruck auf eine Dame machen, und sie genießen die Erregung, wenn sie unerlaubt mit irgendwem ins Bett gehen. Ihre Augen funkeln, ihr Blut strömt schneller, sie machen die Schultern breit. Daran sieht ihre Frau sofort, was die Uhr geschlagen hat. Leugnen hat keinen Zweck. Sie holt tief Atem, richtet sich gerade auf, ballt die Fäuste und schlägt erbarmungslos zu.

Streit

Streit ist Frauensache. Männer haben keine Ahnung davon. Wenn ein Mann wütend ist, dann schimpft, schweigt oder schlägt er. Das ist natürlich wenig elegant. Männer können Streit nicht vertragen. Konflikte finden sie interessant, Krieg erregend, aber vor Streit haben sie Angst. Sie wissen nicht, wie man sich streitet. Frauen wohl.

Es gibt verschiedene Arten von Streit. Der gemütlichste ist der Streit, der auf einem Mißverständnis beruht. Alles kann dabei gesagt werden, Beschimpfungen, Vorwürfe, Beschuldigungen, alles ist erlaubt. Am Ende des Streites scheint alles auf einem Mißverständnis zu beruhen, die häßlichen Worte wurden zu unrecht gesagt, und alles ist wieder in Ordnung. Das ist der Streit, von dem es heißt, daß er die Luft reinigt. Leider gibt es sehr viele Männer, die nicht einmal einen schlichten Regenguß vertragen können. Sie lassen den Strom der bösen Worte schweigend über sich ergehen und fühlen sich schlecht behandelt. Dieses Gefühl geht nie vorbei, es fängt langsam an zu schimmeln und zu verrotten, und das führt schließlich zu grausigen Krankheiten und einem elenden Tod.

Eine schwierigere Sorte Streit ist der, der sich mit schlechten Eigenschaften befaßt. Seltsamerweise sind die Männer hierbei recht fähig. Wenn seine Frau oder Freundin sich nicht so benimmt, wie er das möchte, kann ein Mann entrüstet aufblicken und selber sehr tüchtig mit

Vorwürfen um sich schmeißen. Aber es bleibt eine primitive Form. Der Streit über schlechte Eigenschaften kann viel subtiler geführt werden. Schreien und Schimpfen sind überflüssig. Mit interessierten Fragen kann man einem anderen ein viel tieferes Gefühl der Unzulänglichkeit vermitteln: »Wie kommt es, daß du dich immer so kindisch aufführst, wenn du getrunken hast?« – »Hast du nie Lust, ein richtiges Buch zu lesen?«

Einer meiner früheren Verlobten konnte das ein bißchen. Wenn er wieder einmal eine Unvollkommenheit in meinem Charakter entdeckt hatte, setzte er ein ernstes Gesicht auf und beraumte eine Aussprache an. »Ich sehe doch sehr große Probleme auf uns zukommen, wenn du so weitermachst«, sagte er dann und hielt einen beleidigenden Vortrag über meine Vergangenheit und unsere gemeinsame Gegenwart. Er war schon recht weit gekommen auf dem Weg zum durchtriebenen Streithammel. Sein bedachtsamer Ton war hervorragend, und die Inszenierung war gut. Unsere Streitereien hörten sich an wie die gemeinsamen Besprechungen zweier Psychiater, die denselben Patienten betreuen. Wir zielten sorgfältig auf die wundesten Punkte des Gegenübers, es war geradezu erotisch. Leider konnte er diesen Stil nicht durchhalten. Er sackte zu ordinärem Gemäkel ab, und mäkelnde Verlobte werden entlassen. »Das ist mir auch passiert!« rief ein Freund, dem ich den traurigen Schluß dieser Beziehung mitteilte. »Ich dachte immer, wir hätten so nette Diskussionen, meine Verflossene und ich, und dann sagte sie mir eines Tages, sie hätte den ewigen Zank restlos satt.«

Ich nickte verständnisvoll, solche Diskussionen kenne ich. Es gibt eine Meinungsverschiedenheit über irgendeine Frage, und in kürzester Zeit fängt der Mann an, neben seinen Argumenten auch die der Frau vorzutragen.

Wenn er das konzentrierter machte, dann könnte er einen Haufen Mühe und Elend vermeiden. Dann könnte er ganz allein die weitere Debatte führen. Aber er zitiert nicht korrekt, er formuliert die Meinung seiner Frau so unmöglich, daß sie wütend wird. Jetzt muß sie drei Streitereien führen, eine wegen der verdrehten Worte, eine, um ihm beizubringen, daß er für sich zu sprechen hat, und eine wegen der ursprünglichen Meinungsverschiedenheit. Eine kluge Frau fängt gar nicht erst damit an. Sie läßt den Mann ruhig sabbeln und geht Blumen gießen.

Frauen verfügen über ein unerschöpfliches Arsenal an Guerillamethoden, denen ein Mann einfach nichts entgegenzusetzen hat. Ein Mann möchte gerne wegen seiner klugen Ansichten zu allerlei Themen geschätzt werden, wegen seiner scharfen Urteilskraft. Nichts ist so angenehm, wie ihn darin zu unterminieren. Wir brauchen nur interessiert in die andere Richtung zu blicken, wenn er das Wort ergreift. Oder ihn alles zweimal sagen zu lassen: »Was hast du gesagt, Liebchen?«

Es gibt noch eine Sorte Streit, eine Streitform, die Männer nicht beherrschen, nicht vertragen und nicht begreifen können. Das ist der Streit, den Frauen anfangen, wenn sie – wider besseres Wissen – einen Mann immer noch lieben. Keifend, heulend und verzweifelt klammern sie sich an ihn, während sie ihn anschreien, er solle sich zum Teufel scheren. Dagegen ist ein Mann hilflos. Entsetzt macht er sich aus dem Staub. Er spielt zwar manchmal mit dem Gedanken, zurückzuschreien, aber er kommt nicht weiter als »Zankapfel!« oder »nun mal ruhig, Kleine«.

Vor zehn Jahren, als die Menschen noch an ihren Beziehungen arbeiteten, gab es Streitkurse. Unter Anlei-

tung eines Ehetherapeuten übten die Ehepaare das Streiten. Das Szenario war einfach. Bei der Anmeldung mußten Mann und Frau getrennt einen Bericht über ihren
letzten Streit schreiben. Diese Berichte unterschieden
sich dermaßen voneinander, daß sie als Unterrichtsmate-
rial einfach perfekt waren. Im Kurs unterbrach der Therapeut immer wieder den Streit, um sich nach eventuell
aufkommenden Emotionen zu erkundigen. Die Frauen
waren darin besonders gut. Noch besser als vorher lernten sie, das Selbstvertrauen des Mannes zu torpedieren,
noch giftiger wurden die Wunden geschlagen. »Und was
fühlen Sie jetzt?« fragte der Therapeut. »Ich bin wütend«, meldete der Gatte.

Die meisten Männer hatten nicht viel von ihrem Trai-
ning. Wenn sie zu Hause ihre Lektionen in die Praxis umsetzen wollten, dann prustete ihre Herzallerliebste vor
Vergnügen los. Niedlich, so ein Mann.

Eigentlich sind sie selber schuld.

Männer geben nie zu, daß sie Angst haben, deshalb
kalkulieren Frauen diese Angst nicht ein. Im Gegenteil.
Die vorgetäuschte Ruhe stachelt Frauen nur dazu an,
noch heftiger ans Werk zu gehen. Mit Tränen, Beleidigungen und Klagen legen wir sein Fundament frei – und
die Meuchelarbeit ist fast schon geleistet.

Junggesellen

»Allein heißt einsam«, wissen die Vorkämpfer der Ehe, aber »Freiheit ist das höchste Gut« klingt auch nicht schlecht. Dazwischen gibt es allerlei Möglichkeit, um free lance, auf Teilzeit- oder auf Vertragsbasis miteinander zu verkehren. Die Wahl fällt nicht leicht. Wenn wir unser Leben mit jemandem teilen, dauert alles so lange. Wir sitzen dreimal solange bei Tisch, liegen viel länger im Bett und sehen uns Fernsehsendungen an, für die wir allein niemals genug Geduld aufbringen würden. Beim Zusammenwohnen scheint sich der Stoffwechsel zu verändern. Vielleicht gelangen dabei chemische Mittel ins Blut, Hormone, Faulheitshormone, die uns dazu bringen, gerne im Supermarkt einzukaufen und sonntags Spiegeleier herzustellen. Gemütlich ist es natürlich, und so schön sicher. »Rufst du kurz an, wenn es spät wird?« bittet der andere, und wir tun es auch. Wir rufen an, wenn es spät wird, wir rufen an, um zu hören, wie die Bewerbung oder der Besuch beim Tierarzt abgelaufen ist.

Es kostet große Mühe, sich mit zusammenwohnenden Menschen zu verabreden, vor allem, wenn wir uns nur für die eine Hälfte des Duos interessieren. Aber das ist nichts im Vergleich zur Unzugänglichkeit von getrennt wohnenden Paaren. Mindestens ein Partner in einer solchen Beziehung ist so damit beschäftigt, von einem Haus ins andere zu wandern, daß für andere Menschen einfach keine Zeit übrigbleibt. Ehe sie mit ins Kino oder in die Kneipe kommen kann, muß sie erst noch kurz in ihre eigene Wohnung. Da liegt die Post von gestern, da steht das schmutzige Geschirr von vorgestern, und wieder wird Kontakt mit dem Freundeskreis unmöglich. Und doch ist eine solche Beziehung sehr nett, vor allem, solange es gut geht. Es ist spannend, sich miteinander zu verabreden, mal in der eigenen Wohnung, mal in der anderen oder irgendwo dazwischen. Haushaltsarbeiten werden selbstverständlich geteilt, und Schlamperei gibt's nicht. Bloß bei Streitigkeiten bekommt so eine Beziehung etwas Komisches. Ich wohnte in Amsterdam, mein Verlobter in Haarlem. Wenn er losmäkelte, dann zog ich meine Jacke an und ging. Ha, ha, dachte ich fröhlich, wenn ich an der Bushaltestelle stand. Das haben wir schön gelöst. Ein Problem in Haarlem ist kein Problem in Amsterdam, und so hat die Geographie doch ihre Vorteile. Aber wenn ich dann zu Hause ankam, fand ich den Streit doch inzwischen ziemlich doof. Ich rief ihn an, und er beschloß, zu mir zu kommen. Eine Stunde später hatten wir dann auf meinem Sofa Streit. Gegen Ende der Romanze fuhren wir manchmal dreimal pro Abend hin und her. Die Liebe starb an Erschöpfung.

Ein paar Monate blieb ich danach allein. Das gefiel mir aber nicht. Nicht, daß ich einsam war, im Gegenteil! Endlich hatte ich Zeit für allerlei Freunde und Bekannte. Ich rannte von einem Mittagessen zur folgenden Kaffeevisite, ich blieb beim Nachmittagsschnaps gemütlich in der Kneipe hängen, und abends ging ich essen oder ins Kino und übernachtete bei Bekannten.

Meine Finger brachten keine Arbeit mehr zuwege, das Haus verkam, die Blumen gingen ein, Zeitungsstapel blockierten die Eingangstür, und der Arzt musterte mich voller Besorgnis. Am Ende trat aus der wuseligen Masse der Amüsements ein neuer Verlobungskandidat hervor.

Er hatte wunderschöne Augen und Pläne für mein Lebensglück. Und das war nur gut. Ich bin nicht fürs Junggesellenleben geschaffen. Ein richtiger Junggeselle kennt Ruhe und Disziplin. Er ißt jeden Tag warm und kauft preisbewußt ein. Er macht sein Bett und putzt seine Schuhe. Ein Junggeselle teilt sich die Zeit vernünftig ein. Der einzige Grund, aus dem ein Junggeselle nicht heiratet oder mit irgendwem zusammenzieht, ist, daß er das nicht nötig hat. Es fehlt ihm an nichts. Er kann sogar eine Zeitlang ohne Liebe auskommen. Er bezeichnet sich als wählerisch. Die richtige Person, auf die er angeblich wartet, hat seinen Weg noch nicht gekreuzt. So sind wahre Junggesellen, ob sie nun Mann sind oder Frau.

Warum finden die Menschen Junggesellen trotzdem so begehrenswert? Das Bild, das wir von einem Junggesellen haben, ist das eines gesunden, fröhlichen Mannes, der tut, wozu er Lust hat, der ißt, wenn er Hunger hat, am liebsten in einem Restaurant, das gerade in Mode ist. Er geht spät zu Bett, trinkt teuren Whisky und läßt sich von zahllosen Filmstars lieben. Egal, wie viele Junggesellen das genaue Gegenteil vorführen, das Bild hat Bestand. Ich finde Junggesellen schwierig im Umgang. Man kann so wenig mit ihnen machen, und die Hausregeln sind so streng.

»Möchtest du Kaffee?« fragte mein Gastgeber. »Gerne«, antwortete ich und blieb allein im stillen Wohnzimmer sitzen. In der Regalwand standen die Bücher und die Schallplatten. An der Wand tickte ein Erbstück. Der Kopf meines Gastgebers zeigte sich in der Tür. »Wie viele Tassen trinkst du?« – »Nur eine zur Zeit«, antwortete ich verdutzt.

Er kam ins Zimmer und erklärte, wie er die Frage gemeint hatte. »Ich habe eine Kaffeemaschine. Wenn du zum Beispiel drei Tassen trinkst, dann stelle ich die Maschine auf vier, weil ich immer nur eine trinke. Verstehst du?« Ich verstand, daß meine Wünsche respektiert wurden. Das war schon etwas ganz Besonderes, denn meistens bemerkt der Junggeselle gar nicht, daß wir auch noch da sind. Er führt ungerührt sein Leben weiter. Er schmiert sich ruhig sein Butterbrot, wenn die Essenszeit gekommen ist, er schaltet den Fernseher ein, wenn er in der Rundfunkzeitung eine Sendung angekreuzt hat, selbst wenn gerade die Königin zu Besuch sein sollte.

Als Gast ist der Junggeselle auch nicht sonderlich anpassungswillig. Ich hatte einen großen Topf Suppe und eine Schüssel Gemüse gekocht. Acht Menschen wollten kommen, deshalb fand ich das ein geeignetes Menü. Um 7 Uhr schwenkten alle zufrieden ihre Löffel. Alle, mit Ausnahme des Junggesellen Kees. Der starrte verzweifelt auf seinen Teller. »Was ist das?« fragte er. »Linsensuppe«, antwortete ich freundlich. »Gibt's noch etwas anderes? Dann nehme ich keine Suppe«, sagte Kees. »So koche ich meine Suppe nie.« Die Atmosphäre war leicht gespannt. Kees und ich blickten zueinander hin.

Siehst du wohl, sie taugen nichts, dachte wir alle beide.

Verliebt

Ich hatte eine gute Jugend. Meine Eltern fanden, daß mit ihrer Ehe genug geheiratet worden war in der Familie, und die Töchter wurden dazu ermutigt, aus ihrem Leben etwas Spannenderes zu machen, als eine Familie zu gründen. Frauenemanzipation war für mich ganz normal. Ich traute mich allein in die Kneipe, ich ließ mir nicht neckend in den Hintern kneifen, und ich träumte von weiten Reisen, nicht von Kindern. Aber als sich in den 60er Jahren die Frauen in Bewegung setzten, um ihre gesellschaftliche Stellung zu verbessern, war ich nicht dabei, denn ich mußte staubsaugen. Daran war die Liebe schuld.

Im allgemeinen bin ich ein vernünftiger Mensch, aber wenn ich verliebt bin, dann gerät alles durcheinander. Mein Sehvermögen trübt sich, mein Verstand trocknet ein, und meine Hände tasten nach einem Scheuerlappen. Liebe! Es fängt unschuldig genug an: Ich helfe beim Spülen, ich flicke eine Jeans, aber ehe ich weiß, wie mir geschieht, stehe ich auch schon auf der Trittleiter, um die Fenster von außen mal richtig zu polieren. Das liegt nicht daran, daß ein tyrannischer Verlobter mich unterdrückt, sondern daß ich ganz und gar mit Allesreiniger vergiftet worden bin.

Sogar bei Männern, die ihren Haushalt gut in Schuß hielten, konnte ich die Finger nicht bei mir behalten. Die Fensterrahmen konnten doch einmal eingeseift werden, hinter dem Herd entdeckte ich erstarrtes Fett.

Nicht alle Frauen haben Putzbedürfnisse, wenn sie

verliebt sind. Einer Freundin geht es ganz umgekehrt: Ihre neue Liebe hatte noch keine drei Nächte bei ihr verbracht, da mußte er schon die Wäsche in den Waschsalon schaffen. Als er zwei Wochen in ihrem Leben war, teilte sie ihm mit, daß er in dieser Woche einzukaufen hätte. Diese Freundin hat aber auch einen praktischen Griff bei Männern. Als ihr Haus umgebaut werden mußte, verliebte sie sich in einen, der einfach alles reparieren konnte; wenn sie in Geldnot steckt, dann verliert sie ihr Herz an einen erfolgreichen Geschäftsmann. Aber sie ist nicht wirklich glücklich. Vielleicht wird es Zeit für eine Romanze mit einem Psychiater.

In den Niederlanden ist ein neuer Staatspreis ausgeschrieben worden. Und zwar der Joke Smit-Preis für Emanzipationsförderung, und er wird jedes Jahr an jemanden verliehen, der sich im Kampf um die Gleichbehandlung von Männern und Frauen besondere Verdienste erworben hat. So ein Smit-Preis ist natürlich für große Leistungen gedacht, für Menschen, die in der Gesellschaft wirklich etwas zustandebringen.

Ich möchte vorschlagen, einen zweiten Preis für Emanzipationsbemühungen in kleinem Maßstab zu verteilen. Und als Kandidatin für diesen Preis möchte ich Eefje vorschlagen. Eefje würde den Emanzipationsgedanken niemals mit einer Dose Vim besudeln. Sie bringt die Liebe in eine viel praktischere Form. Mit netten Männern geht sie essen, und mit phantastischen Männern geht sie ganz teuer aus. Früher war sie einmal verheiratet, aber die Ehe hat ihr Anorexia nervosa und ganze Serien von anderem Ungemach und Plagen beschert.

Eefje legt keinen Wert auf unerfreuliches Leben, und deshalb ist sie geschieden. So gehört sich das, kurz und treffend. Vor einiger Zeit ging Eefje auf Reisen. Sie verbrachte einige Wochen auf den Kanarischen Inseln und verliebte sich dort in einen jungen Deutschen. Er war schön, aber dumm, und als sie wieder in den Niederlanden war, hatte sie ihn deshalb auch bald vergessen. Er sie nicht. Er fuhr ihr nach und stand eines Tages auf der Türschwelle. Er kam nicht sehr gelegen, der treue Liebhaber, aber Eefje wußte eine Lösung. Er durfte eine Weile bei ihr wohnen, wenn er leichtere Hausarbeiten übernahm. Er durfte anstreichen, tapezieren und kochen.

In den folgenden Wochen fragte ich immer wieder nach dem Stand der Beziehung. Hier konnte ich allerlei lernen. Der junge Mann hatte zu Hause Ordnung eingetrichtert bekommen, und in den ersten Wochen war zu beobachten, wie Eefje um Punkt fünf vor halb sieben ihre Stammkneipe verließ, um rechtzeitig zum Essen daheim zu sein. Dann setzte die Veränderung ein. Eefje gab es auf, sich an Muttis Essenszeit zu halten. Der junge Mann nahm das zu Anfang nicht schwer. Um Viertel nach sechs kam er auch ein Bierchen trinken und meldete lässig, daß er die Würste schon aufgesetzt hätte. »Mm, mach nur«, brummte Eefje.

Danach wurde der Kampf grimmiger. Eefje entwickelte eine hartnäckige Aushäusigkeit. »Wie geht's mit den Würsten?« fragte ich vorsichtig. »Der streicht meine Wohnung«, sagte Eefje. In der dritten Woche ging sie wieder mit netten Männern ins Restaurant. Und die Würste? »Der tapeziert«, erklärte Eefje. In der vierten Woche sah ich sie mit einem schneidigen dunklen Herrn in ein sehr teures Restaurant gehen. Der junge Mann war abgereist.

»Wie hast du ihn weggekriegt?« fragte ich. Erst winkte Eefje auf meine neugierigen Fragen ungeduldig ab, aber ich ließ nicht locker. Wie sollte ich denn sonst etwas lernen? Es schien gar nicht so leicht gewesen zu sein, die Würste davon zu überzeugen, daß er nicht bleiben konnte. Was immer sie sagte, ging zum einen Ohr hinein und zum anderen wieder heraus. Schließlich hatte Eefje zum Portemonnaie gegriffen und den Jungen mit einer Auszugsprämie vor die Tür gesetzt. Das war doch wirklich tüchtig von ihr. Wer redet hier von zarten, vorsichtigen Frauen, die ihr Leben nicht selber regeln können?

Wir brauchen einen Preis für unsere Eefje, im Namen der Frauen, vor allem solcher Frauen wie mir, die für die anderen immer wieder alles ruinieren, die die Männer dazu bringen, sich einzubilden, jede Frau sei ein Sumpfhuhn, zum Dienen geboren. Denn das stimmt nicht. Männer, die ich mag, dürfen ihren Abwasch selber erledigen.

Pornographie

In den 60er Jahren fand die sexuelle Revolution statt. Befreit von bedrückenden moralischen Hindernissen stürzten Liebende mancherlei Geschlechts, Glaubens und anderer Unterschiede sich in die gegenseitigen Arme und genossen. Ich habe davon nichts bemerkt. Meine Eltern hatten Sexualität nicht für ein Betragen gehalten, das sich verbieten läßt.

Meine Altersgenossen hatten es da wohl etwas schwerer. Für sie brachte die sexuelle Revolution ein Aufatmen. Endlich konnten sie ihre Gefühle ausleben. Damals dachte ich, das Problem wäre damit endgültig gelöst. Die nächste Kindergeneration würde Sex ganz normal finden, und hinfort würde es keine Prüderie mehr geben. Reingefallen.

Nach einem kurzen Zeitraum, in dem alles möglich und erlaubt war, begann das Nachdenken über das Frischerworbene. Vor allem Feministinnen haben Überlegungen zum besten gegeben, die ihresgleichen suchen.

Wenn alle sich im Bett amüsieren dürfen, haben sie gedacht, dann dürfen Frauen das auch. Bisher ist aber nur der Genuß des Mannes wichtig genommen worden. Jetzt kommen die Frauen an die Reihe. Sex ist für Frauen etwas ganz anderes als für Männer, etwas Tieferes, etwas Schöneres.

Alsbald kamen Feministinnen zu dem Schluß, daß weibliche Sexualität so schön und so tief sei, daß Männer ihre groben Pranken davon zu lassen hätten.

»Männer benutzen Frauen im Bett nur als Lustobjekte«, war ein Standpunkt. »Das kommt daher, daß sie pornographische Bücher lesen und fiese Filme sehen. Pornographie ist frauenfeindlich und führt zu Vergewaltigung, Gewalt und mindestens zu schlechtem, frauenunterdrückendem Sex.«

Und damit sind wir wieder im Jahre 1965 angekommen und müssen die ganze Diskussion über Pornographie von neuem führen. Ich bin nicht gegen Pornos, sondern dafür.

Ich lese gerne Pornographie.

Gegner und Gegnerinnen dieses Genres führen immer wieder dieselben unzutreffenden Argumente an. Sie behaupten, daß Pornographie zu Gewalt gegen Frauen führt, daß sie ein falsches Bild von Sexualität zeichnet und deshalb Anfänger verdirbt und daß es sich bestenfalls um Mistfilme und schlecht geschriebene Bücher handelt. Das letzte ärgert mich noch am meisten. Die Verfasser von pornographischen Erzählungen sind vielleicht nicht die begabtesten Stilisten, aber das ist doch auch gar nicht nötig.

Ich erwarte von einer wunderbaren Tüte Pommes doch auch nicht, daß sie mit einem Blatt Salat und einem Scheibchen Tomate serviert wird. Der Verfasser von Pornographie versucht, bei seinem Leser sexuelle Empfindungen zu wecken, sonst nichts. Wenn ihm das gelingt, dann handelt es sich um eine gute Pornogeschichte. Wenn nicht, dann lacht der Leser oder zuckt die Schultern. Es gibt auch wirklich schöne pornographische Romane, aber die werden energisch heruntergemacht. *Eine* erotische Szene in einem Buch weiß man zu schätzen, vielleicht ist sie sogar unerläßlich für den Erfolg, ein Roman jedoch, der ausschließlich von sexuellen Unternehmungen handelt, wird energisch zurückgewiesen.

Auch die Behauptung, der Inhalt pornographischer Erzählungen sei grotesk, finde ich nicht redlich. Phantasien sind selten subtil. Wer von Reichtum träumt, phantasiert schließlich auch nicht über 50 Mille. Pornographie fängt nicht mit einem Abend im Kino und einem guten Gespräch an, sondern mit einer unwahrscheinlichen Situation. Der Anstreicher kommt, und die Frau des Hauses hat gerade eine nette Freundin zu Besuch. Die Mädels sprechen über ihre BH-Größe, der Anstreicher lauscht gebannt. Der Rest der Erzählung befaßt sich nur noch mit den verschiedenen Weisen, durch die Orgasmen erreicht werden. Wie kann das denn sittenverderbend sein?

Noch der blödeste Teenie, das schmierigste alte Männlein, das allerchauvinistischste Schwein wissen, daß das keine wahrheitsgemäße Darstellung einer sexuellen Begegnung ist. Es ist einfach nur eine Pornostory, eine geile Beschreibung erotischer Umstände, die erreichen soll, daß es dem Leser kommt, nicht dem Anstreicher.

Feministinnen behaupten, die Frau käme in der Pornographie schlecht weg. Wenn zwei Damen und ein Herr einen Dreier vorlegen, dann meinen sie, der Herr ließe sich von den Frauen bedienen. Umgekehrt sind sie empört, wenn zwei Männer mit einer Frau ins Bett gehen. Dann ist die Frau plötzlich ein Lustobjekt. Manchmal haben solche Feministinnen wohl eine zu geringe Meinung über Frauen. Die Personen in einer Pornogeschichte sind ziemlich uneigennützig. Die Erlebnisse der anderen setzen sie ebenso in Verzückung wie die Wonnen, die durch sie selber hervorgerufen werden. Wie viele Menschen sich auch daran beteiligen mögen, alle kommen sie zu ihrem Vergnügen. Das soll erst einmal in der Wirklichkeit vorkommen!

Wie unschuldig Pornographie auch sein mag, immer

wieder werden wissenschaftliche Untersuchungen über ihren Einfluß auf das Verhalten angestellt. Es ist schließlich viel lustiger, im Namen der Wissenschaft stundenlang Pornofilme zu sehen, als Ratten durch ein Labyrinth zu jagen. Aber das Ergebnis ist doch immer wieder, daß es keinen einfachen Zusammenhang zwischen pornographischen Phantasien und unsozialem Verhalten gibt.

Es gibt allerdings einen traurigen Zusammenhang zwischen dem Verbot von Pornographie und Zensur von anderen schriftlichen Äußerungen.

Regime, unter denen die Sittsamkeit von oben her verordnet wird, sind selten vergnüglich. Vielleicht schafft es die Frauenbewegung noch einmal, die Pornographie verbieten zu lassen. Das kann passieren, wenn noch andere Gruppierungen den Standpunkt teilen, Pornographie sei erniedrigend für Frauen. Das wären dann sicher die Moralfachleute, die in der Frau etwas Höheres sehen, etwas, das sie über die tierische Natur des Mannes erhebt. Eine sittsame Fee, die gut kochen kann.

Eifersucht

»Mann und Frau müssen eins sein«, sagte meine Nachbarin allen Ernstes. »Wenn von Liebe die Rede ist, dann gehen die Partner ganz und gar ineinander auf.« Ihr selber war das nicht passiert. Ihr Mann war nach fünf Jahren gemeinsamen Glücks, sechs Jahren gegenseitiger Zweifel und sieben Jahren zusammengehöriger Langeweile ausgezogen. Ihr neuer Freund hatte ihr gerade ein blaues Auge geschlagen, weil sie seiner Ansicht nach nicht genügend in ihm aufging. Seine Forderungen waren aber auch unmöglich zu befriedigen. Von Katzen hielt er nichts, deshalb fand er es angebracht, daß sie die beiden Mistviecher ins Tierheim brachte, der Wachhund durfte zwar bleiben, aber im Hause fand er ihn unhygienisch. Hunde gehören nach draußen. Ist ja auch viel gesünder. Daß die Nachbarin zur Jazzgymnastik ging, war einfach lächerlich. Eine Frau über 40 sollte lieber radfahren. Zusammen radfahren, das ist lustig. Und das Auto fand er auch zu groß.

Im Prinzip hatte der Mann ja recht, fand die Nachbarin, aber sie schaffte es eben nicht, wo doch Koos sie gerade erst verlassen hatte. Sie mochte den neuen Freund ja, vielleicht war alles nur egoistisch von ihr, aber sie wollte nicht alles mit ihm teilen. Sie kümmerte sich lieber selber um ihre Finanzen, und sie wollte keine neuen Möbel. Ihr Auto ist wirklich sehr groß, aber sie hängt nun einmal daran. »Ist das Auto wichtiger als ich?« hatte ihr Liebster gefragt, und sie hatte betreten geschwiegen.

Ich sah ihr blaues Auge an. Es war ein Volltreffer gewesen, das konnte ich sehen. Wahre Liebe. Was für eine Strafe. »Er ist nun mal schrecklich eifersüchtig«, entschuldigte die Nachbarin ihren feurigen Liebhaber.

Eifersucht ist ein seltsames Gefühl, nicht so sehr, weil sie aus ganz anderen chemischen Stoffen besteht als Wut oder Enttäuschung, sondern auch durch die besondere Stellung, die die Menschen ihr zuerkennen. Einen Wutanfall, Abscheu, Angst haben wir zu beherrschen, Eifersucht dürfen wir ungehemmt ausleben. Menschen hecken die schrecklichsten Dinge aus, gehen bis zum Mord, aber wenn Eifersucht die Triebfeder war, senkt sogar das Gesetz sein Haupt. In Frankreich existiert immer noch der Begriff *crime passionel.*

Im Fernsehen wird eine lehrreiche Sendung gezeigt. Es geht um Eifersucht. Kichernd erzählt eine Frau, wie sie die Tischdecke mit einem ganz intimen Festmahl von der Tafel gerissen hat, weil ihr Freund mit einer anderen ins Bett gegangen war. »Alles lag auf dem Boden, und er hatte doch etwas besonders Leckeres gekocht, um zu zeigen, wie sehr er mich liebte, Spaghetti mit Tomatensoße.«

Anfangs hatte der Freund über seine Eskapade gesagt, so etwas müßte doch möglich sein, eine Ansicht, die er aus alten Jahrgängen einer Aufklärungszeitschrift entnommen hatte. Aber er änderte seinen Standpunkt, als sie ihn einige Zeit später mit einem anderen betrog. »Ich bin total ausgerastet«, erzählt er leidenschaftlich. »Ich war so wütend, auf sie, auf ihn, auf diese Scheißakademie, wo sie ihn kennengelernt hat, daß ich ihren Zeichentisch und ihre ganze Arbeitsmappe zu Klump getreten habe.«

Den Eifersüchtigen wird vergeben, die Gewalt, die Gier, der fehlende Respekt für die Arbeit anderer, denn an der Eifersucht können wir erkennen, wie groß die Liebe ist. Die Gelehrten wissen nicht recht, was Eifersucht genau ist. Dieses Gefühl entsteht, wenn jemand anders etwas bekommt, das wir selber gerne hätten. Katzen zum Beispiel riechen im Vorbeigehen immer schnell am Maul anderer Katzen, um festzustellen, ob die andere etwas Leckeres gegessen hat. An Lebensmitteln fehlt es uns nicht, wenn es dagegen um Liebe geht, dann sind wir ein Faß ohne Boden. Deshalb ist gegen Eifersucht kein Kraut gewachsen. Es hilft nichts, einander die Liebe zu beteuern. Solange er meint, daß wir ihm mehr geben und weniger an andere verteilen sollten, hat er das Gefühl, zu kurz zu kommen.

Reden hilft auch nicht. Fachleute auf dem Gebiet der Gefühlsfragen glauben das aber nicht. Sie raten ihrer Kundschaft, sich gegenseitig über die Mördergrube in ihren Herzen zu informieren. Dabei kommt natürlich nur Elend heraus. Beim erstenmal hört der andere wohl noch zu und zeigt Verständnis, aber auf die Dauer kann so ein Gespräch nur anöden. Sag doch gleich, daß du mich nicht liebst! ist die Folge.

»Warum hast du dir so einen anstrengenden Freund ausgesucht?« fragte ich die Nachbarin vorsichtig. »Er ist einsam«, erklärte sie. »Er hat nie viel Liebe gekannt. Schon als Kind nicht. Seine Eltern haben seine Schwester vorgezogen und ihn links liegen lassen. Ich kann ihm so viel Liebe geben, mehr als genug.« Ja, ja, nickte ich, so viele Perlen und jetzt noch ein Schwein.

Ihr entlaufener Ehemann war wohl auch so einer. Die Vorwürfe, die er ihr bei der Trennung gemacht hat, hatten alle mit vermeintlicher Untreue zu tun. Ging die Nachbarin eines Mittags einkaufen? Ha, Koos wußte Bescheid, sie hatte einen Liebhaber. Warum durfte er denn sonst nicht mitkommen?

»Er interessierte sich nur für Eisenwarenläden und Schreibwarengeschäfte«, erzählte die Nachbarin, »und ich wollte schon mal ein neues Kleid.« – »Damit willst du doch bloß Eindruck auf die Männer machen«, hätte Koos gesagt. Er erschien mir nicht als großer Verlust, dieser Koos, aber meine Nachbarin hat offenbar eine Schwäche für eifersüchtige Männer. Ich finde, sie haben vor allem schlechte Manieren. Ich kann mir nicht vorstellen, was an einem Mann, der von Argwohn verblendet herumnörgelt, charmant sein soll. Blaue Augen ekeln mich auch an. Die Menschen sollten sich für Zuwendung, körperliches Vergnügen und Gemütlichkeit einen anderen Menschen suchen, für die Wohnung ein Aquarium und für vollständige Ergebenheit einen Hund. So einen bösen, menschenscheuen.

Schluß machen

Einige Freundinnen habe ich schon so lange, daß sie bei mir fünf verschiedene Verlobte mitgemacht haben. Joke zum Beispiel. Die hat sogar Paul noch gekannt. Und Gré kam in mein Leben, als ich mit Hugo zusammen war. Ich habe schon allerlei Männer verschlissen. Dabei bin ich von Natur aus nicht wechselhaft, ich suche mir einen Verlobten mit Blick auf die Ewigkeit aus. Erst, wenn er anfängt zu mäkeln oder zu schlagen, kommt mir die Idee, mich auch mit ein paar Jahren weniger zufriedenzugeben. Die Junggesellinnenphasen dauern nie lang. Nach ein paar Monaten des größten Chaos lerne ich meistens einen neuen Mann kennen, einen ganz besonderen, bei dem ich mir den Kopf darüber zerbreche, wie ich die ganze Zeit ohne ihn habe leben können. Nach einiger Zeit weiß ich dann die Antwort, und damit fangen die Probleme an. Beziehungen anfangen ist leicht genug, aber wie werde ich sie wieder los?

Das erste Mal habe ich noch mit Schwung Schluß gemacht: Der Suff hatte den Mann unkontrollierbar werden lassen. Jeden Abend zerschlug er Geschirr, und als er keine heile Tasse mehr hatte, machte er sich über mich her. Ich hatte Angst vor ihm und machte mich eines Morgens aus dem Staub. Nach einer Szene, die bis tief in die Nacht gedauert hatte, wartete ich, bis er sturzbetrunken eingeschlafen war. Ich stand leise auf, leerte noch schnell das halbvolle Glas Genever und ging. Das war's.

Ich bildete mir schon fast ein, ein unzerbrechliches

Herz zu haben, aber das zweite Mal bewies das Gegenteil. Fast anderthalb Jahre konnte ich mich nicht entscheiden, ob ich bleiben sollte oder nicht, und zerbrach
mir über die idiotischsten Dinge den Kopf: Wohin mit
dem Aquarium, wenn ich weggehe, sollte ich nicht lieber
mit dem Schlußmachen warten, bis die Feiertage vorbei
sind, und wie macht man Schluß, wenn man sich streitet,
wo wir uns doch schließlich immer ein bißchen streiten?
Es wurde deshalb eine ziemliche Sauerei mit viel Kummer und Gemeinheit, und als ich der nächsten ewigen
Liebe in die Arme lief, dachte ich: Was wird das für ein
Elend geben, wenn Schluß ist! Eine zutreffende Prophe-
zeiung.

Wenn man erst kurz zusammengewesen ist, ist das
Schlußmachen meistens nicht so schlimm. Jeder heftige
Streit ist gut genug, um als Kündigungsgrund herzuhal-
ten, aber bei längeren Beziehungen wird mehr erwartet.
Dann muß man ordentliche Argumente bringen, und es
überrascht mich nicht, daß bei Ehen von zehn Jahren und
mehr ein Jurist hinzugezogen werden muß. Das Problem
ist, daß die Gründe, aus denen jemand weg will, meist
völlig haltlos sind. Ein Freund hat mir erzählt, daß er sich
gegen Ende seiner Ehe nichts daraus machte, daß seine
Frau andere politische Ansichten vertrat als er, daß es ihn
kaltließ, wenn sie ihn quälen wollte, indem sie anderen
Männern um den Hals fiel, aber daß er vor Wut außer sich
geriet, wenn sie ein Stück Zahnseide, mit dem sie ihre
Zähne gereinigt hatte, auf dem Waschbeckenrand liegen-
ließ.

Schlußmachen ist eine delikate Angelegenheit; ehe
man sich versieht, ist man auch schon in ein Drama ver-
wickelt. Deshalb versuchen manche Exe in spe, klamm-
heimlich der Beziehung ein Ende zu setzen. Wenn sie sich

immer gleichgültiger geben, immer seltener zur Verfügung stehen, dann geht das Verhältnis von selber ein. Und wenn sie dann überhaupt nicht mehr auftauchen, wird ihre Abwesenheit kaum noch registriert, hoffen sie. Ein Irrtum. Anfangs wird die kühle Behandlung den Umständen zugeschrieben. Er ist müde, sie arbeitet zu hart, sie hat ihre Tage, es liegt am schlechten Wetter. Am Ende wird dann klar, daß der andere wirklich weg will. Jemand, dem auf diese Weise der Laufpaß gegeben wird, ist nicht nur böse und enttäuscht, weil die Liebe vorbei ist, sondern auch durch das erniedrigende Gefühl, die ganze Zeit nichts begriffen zu haben.

Einschlafen lassen ist also eine erwiesenermaßen schlechte Methode. Eine andere Möglichkeit ist das Verlassen mit Begründung. Das klappt auch nicht. Ich habe es selber ausprobiert. »Wenn es so ist, dann will ich nicht mehr«, sagte ich. »Ich betrachte mich von heute ab als entlobt.« Ich hätte es wissen sollen. Bittere Vorwürfe und beleidigte Briefe handelte ich mir ein.

Das Problem ist, daß ein verschmähter Liebster genau das macht, wovor uns graut. Er klagt, er leidet, er läßt uns fühlen, wie ungerecht es ist, daß wir ihn nicht mehr lieben. Mit weißem Gesicht und deutlich gebrochenem Herzen wartet er darauf, daß wir ihn vielleicht schon ein bißchen vermissen. Er bietet einen entsetzlichen Anblick, was aber meistens keine liebevollen Gedanken hervorruft. Immer wieder geht es so; bisweilen ist es auch umgekehrt, und wir werden selber verlassen. Es muß sich doch etwas finden lassen, eine elegante Methode, sich von jemandem zu trennen. Ich habe schon einmal an eine Tauschbörse gedacht, an ein Computerzentrum für Verlobte aus zweiter Hand. Wenn wir jemanden satt haben, dann liegt es meistens nicht daran, daß der andere sich plötzlich einen schlechten Charakter zugelegt hat. Es kommt vom täglichen Umgang, der langweilig geworden ist. Statt abzuwarten, bis die Verärgerung dem anderen gegenüber zu tiefem Ekel geworden ist, ist es besser, ihn zur Übernahme anzubieten. Das kann ohne Mitwissen des Betroffenen geschehen. Im Zentrum wird sein Steckbrief notiert: Netter Verlobter, regelmäßige Gesichtszüge, wird langsam ein bißchen träge, schöne Augen, gemäßigte Wangenlinie. Kann spülen, einfache Mahlzeiten kochen, ruft an, wenn es spät wird. Im Bett etwas übereilt, jedoch zugänglich für Anweisungen. Mag keine Hähnchen. Zu finden: Zweimal die Woche im Café Ome Jan, meistens dienstags und freitags. Montags abends im Aquariumsverein in der Wilhelminastraat.

Nach Begleichung der Verwaltungskosten gehen wir nach Hause. Nach einiger Zeit bemerken wir die Veränderung. Er freut sich heimlich über irgend etwas, das merken wir genau, und wenn wir Glück haben, kann er schon bald mitteilen, daß er sich verliebt hat. Vielleicht rechnet er mit Schwierigkeiten, aber die bleiben aus. Voller Verständnis sagen wir, daß wir ihm sein Glück von Herzen gönnen und daß wir doch gute Freunde bleiben können? Gegen Liebeskummer hilft nämlich nur eins: eine neue Liebe.

Gute Manieren

»Schau mal, ich helfe einer Dame in ihre Tasche«, sagte mein Gefährte, als er den neun Kilo schweren Rucksack hochhielt. So gehört es sich, wenn es auch nicht im Benimmbuch steht.

Früher, als alle Männer noch Schlipse trugen und alle Frauen Pfennigabsätze und Lippenstift, wußte jeder, was von ihm erwartet wurde: Türen aufhalten, Damen vorgehen lassen, nur nicht, wenn sie die Treppe hochgehen, Feuer geben und die Rechnung bezahlen.

Dann kamen die sexuelle Revolution, die Frauenemanzipation und massenhaft nette Frauen, die von diesen Hockeymanieren nichts wissen wollten. Sie zogen sich ihre Jacke selber an. In der letzten Zeit hat sich wieder eine Veränderung ergeben. Einige Bücher über gute Manieren sind erschienen. Sie versprechen einen ganz neuen Leitfaden für die veränderten Sitten in der neuen Gesellschaft, aber sie sind entweder schrecklich komisch oder absolut unbrauchbar. Noch immer ringen die Autoren mit der Frage, in welchem Fall der Mann oder die Frau zuerst die Treppe hochgeht, und dabei gibt es doch in allen Gebäuden Fahrstühle, und niemand weiß, wie ein nettes Fahrstuhlgespräch zu führen ist. Es besteht Bedarf an einem Benimmbuch, denn die Menschen wollen wieder Manieren. Ich habe mit eigenen Augen einen Ober lächeln sehen, als er meinen Strammen Max servierte. Vor einem Jahr noch konnten wir froh sein, wenn das Brot auf dem Teller liegenblieb, wenn das bestellte Essen mit

Wucht auf den Tisch gehauen wurde. In einem renommierten Café-Restaurant in Amstelveen habe ich einmal gehört, wie ein Ober zu einem Gast sagte: »Rücken Sie doch mal eben zur Seite, ich kann nicht vorbei.« Der Gast brach sein Gespräch ab, schob verwundert seinen Stuhl aus dem Weg und wartete schweigend, bis der Ober sich dickleibig über den Tisch gebeugt hatte, um das Besteck aufzulegen. Damals war das möglich.

Ich lege großen Wert auf Höflichkeit. Es interessiert mich nicht, ob ein Mann vor mir oder hinter mir die Treppe hochgeht, und ich kann ohne weiteres selber eine Tür aufmachen, doch auf Manieren lege ich Wert. Aber ich habe ja gut reden, schließlich ist das für eine Frau leicht. Solange sie bei Tisch nicht schmatzt, mit den Zähnen knirscht oder wiehert, ist alles in Ordnung. Von einem Mann wird viel mehr erwartet. Muß er denn nun die Tür aufhalten, einer Dame aus der Jacke helfen, die Bestellung erledigen, die Kinokarten bezahlen, oder nicht? Fühlt eine moderne Frau sich erniedrigt, wenn man sie vorgehen läßt? Was ein Mann auch tut, es ist immer falsch. Wenn er zu viele Benimmbuchsmanieren hat, halten wir ihn für einen Gockel, ein sexistisches Ferkel und was es sonst noch auf dem Bauernhof gibt, aber wenn er eine Frau wie einen netten Kumpel behandelt, ist es ihr oft auch wieder nicht recht.

Manche Benimmregeln sind übrigens total idiotisch. Wer ist bloß auf die Idee verfallen, daß man einer Dame in den Mantel helfen muß? Da steht nun die Dame, die Arme ohnmächtig nach hinten gestreckt, und sucht blind nach ihren Ärmeln, während er nervös hinter ihr steht und zielt. Immer höher hält er die Jacke, und die Zuschauer genießen den vollen Blick auf die Brüste der Dame. Ich freue mich auch durchaus nicht, wenn ein

Mann um sein Auto herumrennt, um mir die Tür zu öffnen, wenn ich aussteigen will. Mit erstarrtem Lächeln warte ich, bis er angekommen ist, und dann kommt erst das Schlimmste. Ich kenne nur eine Frau, die elegant aus dem Auto steigen kann, und sie ist immerhin Ballettänzerin. Ich nicht.

Beim Einsteigen ist es natürlich schön, wenn jemand uns die Tür aufmacht, vor allem bei Regen. Und während er auf die andere Seite unterwegs ist, kann ich ihm die Tür öffnen. Nicht jeder Mann hat eine Veranlagung für elegante Manieren, und ich bin immer froh, wenn einer das dann auch gar nicht erst probiert. Eine Tür für andere aufzuhalten, z. B., dazu ist nicht jeder geschaffen. Es erfordert Schnelligkeit und Geschicklichkeit, wenn die Begleitung dabei nicht an die Wand geschleudert werden soll oder er im selben Moment wie sie die Türklinke ergreift und »pardon, ich wollte galant sein« sagen muß. Wenn die Türklinke rechts ist und der Mann rechts geht, kann er die Tür nicht aufhalten, ohne aus seinem Arm ein Törchen zu machen oder ihr die Tür mit Schwung ins Gesicht zu hauen. Wenn man das nicht weiß, gibt es einen traurigen Einzug.

Als ich noch erzogen wurde, dachte ich, die Umgangsformen, die ich lernen sollte, würden hoffnungslos veraltet sein, bis ich groß genug wäre, um Gebrauch davon machen zu können. Am Tag meiner Abiturfeier rief einer der von mir eingeladenen Jungen an. Welche Farbe ich am Abend tragen würde, wollte er wissen. Ich begriff seine Frage erst, als er abends mit einer Ansteckblume für mein Kleid ankam. Es war die erste und einzige Ansteckblume, die mir je beschert worden ist. Deshalb habe ich auch nie üben können, welches Gesicht angebracht ist, wenn wir mit einem Bündel von Blumen auf dem Kleid herumlaufen. Ich weiß auch nicht, wie ein Tisch für vierzehn Personen gedeckt wird oder welches Geschenk sich eher für eine Verlobung als für eine Hochzeit empfiehlt.

Aber ich halte mich an Manieren, die eine komplizierte Situation kanalisieren können. In Restaurants zum Beispiel hat der Mann vorzugehen. So steht es geschrieben, und daran halte ich mich auch. Wer es nicht tut, bringt die ganze Inszenierung durcheinander. Wenn wir ein Restaurant betreten, kommt sofort ein Ober und hilft, einen Tisch auszusuchen. Der Ober schaut den Mann an, und wenn die Dame zuerst hereingekommen ist, steht sie leicht verlegen mit dem Ober da und wartet auf den Chef. Sie kann natürlich weitergehen und selber einen Tisch aussuchen, aber dann trifft den Ober der Schlag. Wer gibt die Bestellung auf, wer probiert den Wein, wer bekommt die Rechnung? Vielleicht ist es sehr progressiv, aber für einen Teller warmes Essen habe ich eigentlich keine Revolution übrig.

Deshalb darf der Mann auch weiterhin als erster das Restaurant betreten. Das hält die Ober bei Laune, und die Revolution wird nach dem Essen fortgesetzt.

Der schönste Mann

»Frauen, sind das nicht die schönsten Geschöpfe, die es gibt?« rief der Schleimi in der Kneipe. Sein Kumpel schnitt ein geringschätziges Gesicht: »Na ja«, sagte er, »Elefanten find ich auch sehr schön.«

Männer, die behaupten, ganz verrückt nach Frauen zu sein, sind fast immer Schleimis. Sie sind wie fiese Onkel, die genau wissen, was Kinder mögen, und die dann Witze erzählen, in denen es von Pisse und Fürzen nur so wimmelt. In Kneipen sind sie manchmal anzutreffen. Sie sprechen jede Frau an, die keinen Baum von einem Kerl bei sich hat, und senken dabei ihre Blicke auf Brusthöhe. Vor langer Zeit, als alle Männer noch dachten, das müßte so sein, habe ich mich darüber geärgert, aber seit diese Erscheinung selten geworden ist, muß ich darüber lachen. Er sieht doch arg komisch aus, so ein Mann. Aber vielleicht bin ich die einzige, die das findet.

Die Geschmäcker sind verschieden. Es gibt Frauen, die einen ausgefransten Schnauzer als eine Zierde fürs Gesicht betrachten, andere mögen gerne Schlafanzüge oder hellgelbe Schlüpfer.

Die Art, in der Frauen Männer ansehen, ist einmal untersucht worden. Sind ihnen breite Schultern wichtig? Kräftige stramme Hintern, muskulöse Beine? Es stellte sich heraus, daß die meisten Frauen die körperlichen Kennzeichen eines Mannes nicht wichtig finden. Wenn er aussieht wie ein Romanheld mit seinen dunklen Haaren, seinen grauen Augen, seinen breiten Schultern und seiner behaarten Brust, dann ist das eine nette Zugabe, nötig ist es nicht. Ich glaube, dieses Resultat ist richtig. Wir sehen Frauen immerhin an der Seite der wunderlichsten Vogelscheuchen.

Aber ob sie nun schön oder häßlich sind, es gibt einige äußerliche Kennzeichen, die alle romantischen Gefühle zu Staub zerfallen und in Verzweiflung umschlagen lassen. Haare in der Nase, zum Beispiel. In der Nase wachsen Haare. Das soll auch so sein. Sie sorgen dafür, daß nichts Unpassendes in die Atemwege gerät. Innerlich rasieren ist deshalb nicht anzuraten. Aber es gibt einen guten Grund, die Haare, die aus der Nase heraushängen, abzuschneiden. Diese Haare kleben nämlich aneinander und haben dann verdächtig große Ähnlichkeit mit Rotz. Einen Mann mit einer ekelhaften Nase können wir nicht ernstnehmen, und erotische Gefühle weckt er ganz und gar nicht.

Manche Männer halten sich für Filmcowboys. Sie machen große, ungleichmäßige Schritte, die Beine weit gespreizt, die Arme locker von den Schultern herabhängend. Sie glauben, dadurch auf Frauen anziehend zu wirken. Das tun sie aber nicht. »Sieh mal, genau wie das Pferd vom Müllkutscher«, sagte eine schöne Frau im Park zu mir. Sie zeigte auf einen Bodybuilder, der gerade durch das Bild gelatscht kam. Im allgemeinen werden Bodybuilder allerdings geschätzt. Ich habe sogar eine Frau sagen hören, daß eine, die einmal einen Bodybuilder gehabt hat, nie mehr etwas anderes will.

Nicht jeder hat eine gute Haltung. Manche Männer sehen richtig mitleiderregend aus, so traurig hängen ihre schmalen Schultern, so spitz bohren sich die mageren Knie durch die Hose. Aber wie kommt es bloß, daß sich just diese Sorte Männer Regenjacken kauft, die kürzer sind als ihr Jackett? Warum wollen sie sich unbedingt die Hosenbeine mit Fahrradklemmen verengen? Warum sind die Hosenbeine immer etwas zu kurz und etwas zu weit, und wer kann mir verraten, was der Optiker sich gedacht hat, als er ihnen gerade diese Brillenfassung empfohlen hat?

Auch dicke Männer haben so eine befremdende Eigenschaft. Durch ihren Wanst rutscht ihnen die Hose von den Hinterbacken. Dagegen gibt es zwei Hilfsmittel: einen Gürtel oder Hosenträger. Das wollen sie aber nicht. Statt dessen entscheiden sie sich für ganz weite Unterhosen, die mitrutschen. Der Anblick ist ebenso faszinierend wie abstoßend: Langsam arbeitet sich eine lange Arschfalte aus der Hose hervor, immer höher, bis der dicke Mann seine Hose hochzieht. Danach fängt es wieder von vorn an.

Unterhosen sind ein Kapitel für sich. Es gibt zwei Sorten Unterhosen, enge und weite. Der eine hat es gern ein bißchen locker, der andere zieht glatt und straff vor. Beide Standpunkte lassen sich rechtfertigen, aber es gibt Männer, die übertreiben. Die einen kaufen sich wahrhaft gigantische Unterhosen, so eine Art Segelschiff mit Schlitz, und machen ein ganz verdutztes Gesicht, wenn die frisch eroberte Geliebte beim Anblick dieser Hose losprustet.

Die andere Sorte kauft sich Tangas, einen Bindfaden mit einem Lappen, in dem die Hoden aufbewahrt werden. Das ist nicht männlich, sondern geckenhaft!

Schnurrbärte. Es ist mir ein Rätsel, warum Männer an einer so sensiblen Stelle eine Kokosmatte tragen wollen, aber das tun sie eben. Sie rasieren sich nicht mehr und wupps, da haben wir ihn, den Schnurrbart. Das wär's, denken die Männer, und nehmen sich noch ein Eibrot.

Mit weichem Ei. Oder ein Tütchen Pommes mit Mayonnaise. Wenn wir einen schnurrbärtigen Mann küssen müssen, dann kann es leicht vorkommen, daß wir vom Schnurrbart eine Ladung Fett abbekommen. Nicht sehr verführerisch.

Männer haben es mit ihrer Verantwortung auf der Welt vielleicht schwer, in einem Punkt aber haben sie es viel einfacher als Frauen. Sie brauchen sich nicht viel Mühe zu geben, um als Lustobjekt akzeptabel zu sein. Was hält sie dann davon ab, sich über die Ansichten von Frauen zu informieren? Warum jammern sie immer über Länge, Dicke und Potenz ihres Schwanzes, wofür sich keine einzige Frau interessiert? Selbst vor einem dicken Bauch, kurzen Beinen oder einer Hühnerbrust schrecken wir nicht so leicht zurück. Vorzeitiger Samenerguß, minimale Geschlechtsorgane, sexuelle Nervosität, nichts ist uns zu arg. Aber Haare in der Nase, Eierschnauze, kriechende Arschfalten, brrr!

Man gewöhnt sich an alles – nur nicht an einen Mann

Inhalt

Liebe aus zweiter Hand

Liebe ist blind, das sehen wir gleich. Ich werde den mitleidigen Blick, den eine Freundin mir zuwarf, als ich seufzte, daß ich so einen feschen Verlobten hätte, nicht so schnell vergessen. Sie hatte einen unansehnlichen Vierziger, der sich auf seinen tristen Hängebacken in Verlängerung seines Schnurrbartes eine Rasenfläche geschnitten hatte, in der Hoffnung, daß das ganze dann einem schneidigen Zirkusdirektorenschnauz ähnelte. Die Liebe ist aber nicht nur blind, sondern auch geistig behindert. Männer verlieben sich in die ekelhaftesten Frauen, Frauen verlieren ihr Herz an Waschlappen oder gewalttätige Ekel.

Das unvernünftigste aber, was eine Frau tun kann, ist jedoch, sich in einen verheirateten Mann zu verlieben. Das weiß sie ganz genau, das hat sie schon als Kind gelernt: Von Fremden keine Süßigkeiten annehmen und sich nicht in einen verheirateten Mann verlieben. Und doch kommt es vor.

Es ist eine Krankheit, vermutlich eine Virusinfektion, die vor allem Frauen befällt. Wenn sich ein Mann in eine verheiratete Frau verliebt, dann hält sich der Schaden in Grenzen. Er ist vielleicht ein bißchen still, trinkt etwas mehr oder schreibt Gedichte, aber im großen und ganzen bleibt er intakt. Bei einer Frau ist das anders. Sie ändert sich und hat immer größere Ähnlichkeit mit allen anderen Frauen, die ein Verhältnis mit einem verheirateten Mann haben.

Zu Anfang ist sie glücklich. Sie hat, wie der Prinz von Dornröschen, etwas in ihm erweckt, das seit Jahren unter Spinat und sonntäglicher Langeweile dahingeschnarcht hat. Sie sieht, wie ihr Liebster in ihren Armen zum Leben erwacht, wie er immer leidenschaftlicher wird.

Sie kann zaubern! Das einzige, was sie mit ihren magischen Kräften nicht beeinflussen kann, ist seine Ehe. Die hält stand wie der Fels in der Brandung. Vielleicht verspricht er ihr, sich scheiden zu lassen, vielleicht beteuert er, daß zwischen ihm und seiner Frau nichts mehr läuft, während seine Frau gerade bei ihrem Arzt erfahren hat, daß sie schwanger ist.

Je länger die Beziehung zu dem verheirateten Mann anhält, um so düsterer wird das Leben der Schattenverlobten. Ihr Leben wird durch seine Verfügbarkeit gesteuert, ihr Verhalten durch das seiner Frau: In keinem Punkt darf sie mit der Ähnlichkeit haben. Deshalb darf sie keine Ansprüche stellen oder klagen. Sie muß munter und hübsch sein. Schließlich stellt sie ja seine Freizeit dar. Nein, das Leben einer Frau, die ein Verhältnis mit einem verheirateten Mann hat, ist kein Vergnügen und dauert so lange. Durch ihren endlosen Aufenthalt im Wartezimmer des Glücks wächst ihr Verlangen, und es wird immer schwerer für sie, einzusehen, daß es niemals etwas werden wird. Wenn sie nach Jahren beschließt, ein neues Leben anzufangen, dann weiß sie eins sicher: Nie wieder einen verheirateten Mann.

Das dachte ich auch, und ich war sogar noch vernünftiger: Auf keinen Fall einen verheirateten Mann mit einem Kind. Daraufhin habe ich mich in einen geschiedenen Mann mit zwei Kindern verliebt. Die Kinder wohnten bei der Mutter, und alles schien in schönster Ordnung zu sein. Aber es ging schief. So lange sich der geschiedene Mann à la carte mit Freundinnen amüsierte, war alles bestens. Seine Exfrau sorgte für die Familie, und wenn er zu Besuch kam, hängte er Bilder auf und reparierte den Staubsauger.

Das alles änderte sich, als ich in seinem Leben auftauchte. Seine Frau startete einen Guerillakrieg. Und wir können uns darauf verlassen, daß Frauen sehr gemein sein können, wenn es um einen Mann geht. Es ist ein seltsamer Kampf, der vor allem an Lümmeln erinnert. Lümmeln ist ein Ballspiel, bei dem sich zwei Menschen über den Kopf eines dritten hinweg einen Ball zuwerfen. Es geht um den Mann, also ist er unerläßlich für den Streit, aber ansonsten nicht wichtig. Die Ex und ich kämpften über seinen Kopf hinweg um die Vorherrschaft.

Sie siegte. Das ist meistens so, wenn Kinder mitbetroffen sind. Wenn wir erst einmal dreißig sind, bekommen wir die Männer nicht mehr neu. Sie haben eine Familie, einen Freundeskreis, ein Haus, eine Hypothek. Die neue Freundin ist die andere Frau, das bleibt ihr nicht erspart. Zum Glück brauchen die Leute nicht so schrecklich lang, um sich an ihre Existenz zu gewöhnen. Nach ein bis fünf Jahren ist es vorbei, wir sind die zweite Frau geworden, nach zehn Jahren fallen die Zahlen dann ganz weg. Die ersten Jahre sind die schwersten, vor allem, wenn eine böse Ex mit im Spiel ist. In der Beziehung habe ich viele Schauergeschichten gehört. Eine Frau warf alle Fensterscheiben im Haus ihres verflossenen Gatten ein, um klarzustellen, daß ihr Leben in Scherben lag, eine andere rief jede Nacht schweigend an.

Aber die Liebe ist tollkühn. Das sehen wir an Janneke, bis über beide Ohren in Daan verliebt. »Daan?« fragte ich, als ich das hörte. »Daan ist doch mit Diny verheiratet?« Aber Daan und Diny hatten sich getrennt, schon vor drei Wochen, und jetzt war Daan mit Janneke zusammen. Janneke suchte schon seit Jahren nach einer Beziehung, aber niemand wollte. Und jetzt hatte sie also Daan. »Ist das nicht herrlich?« fragten die Freunde, aber ich schüttelte den Kopf. Sie kennen Diny nicht, ich wohl. Diny kennt kein Mitleid. Sie betrachtet Daan als absolute Null, und sie erwägt schon seit Jahren, ihm den Laufpaß zu geben, aber sie haben eine Tochter. Diese Tochter nimmt Klavierstunden, geht schwimmen und zum Ballett. Das macht einen Haufen Arbeit. Sie muß geholt und gebracht werden, dann gibt es die Elternabende, die Ballettaufführungen und die Schwimmprüfungen. Ganz zu schweigen von den Wochenenden und den Ferien und Dinys anstrengendem Beruf. Wenn Janneke sich einbildet, ihre Romanze mit Daan in aller Ruhe genießen zu können, dann hat sie sich geirrt. Wir können es ruhig Diny überlassen, ihr das Vergnügen zu vermiesen.

Aber Janneke kann nicht mehr zurück, die Liebe hat zugeschlagen. Ich habe sie gestern gesehen: blind, benebelt und rettungslos verloren.

Keine Lust

Mit fünfzehn hatte ich meine Jungfräulichkeit satt. Ich beschloß, den Nachbarsjungen zu verführen. Er war siebzehn, und wir knutschten ab und zu im Treppenhaus. An einem freien Mittwochnachmittag ging ich zu ihm. Wir landeten auf dem Bett und legten einige Kleidungsstücke ab. »Jetzt!« dachte ich und flüsterte leidenschaftlich: »Wirst du auch vorsichtig sein?«

Ein schöner Moment, eine wunderbare Erinnerung für später sollte es werden. Aber der Nachbarsjunge sah das anders. »Spinnst du?« fragte er bestürzt.

Das haben wir nun von dieser modernen Erziehung, wir lernen keine Zweifel. Stapel von Aufklärungsbüchern hatte ich gelesen und glaubte, alles zu wissen. Nirgends stand, daß ein Mann auch mal »nein« sagt. Es gab zwar ein Kapitel »Impotenz«, aber das handelte von trägen Schnecken und verzweifelten Versuchen. Und darum ging es hier ja nicht.

Die meisten Frauen glauben, Männer wollten nichts lieber als vögeln, überall vögeln, mit allem vögeln, was sich bewegt. »Ein Mann würde einen Fluß voller Rotz durchwaten«, behauptete Valerie Solanas im Jahre 1971, »wenn am anderen Ufer eine Frau auf ihn wartet, mit der er vögeln kann.« Valerie Solanas mochte keine Männer.

Aber es ist durchaus die Frage, ob Männer wirklich so geil sind oder ob sie das bloß behaupten. Ich kenne eine ganze Menge Frauen, die über das Gegenteil klagen.

Anke zum Beispiel. Sie ist mit Henk verheiratet, einem robusten netten Kerl, der am liebsten an seinem Computer herumfummelt, nicht an Anke.

Vor Jahren haben sie deshalb Ärzte aufgesucht, fachkundige Sexologen, die in Henks Lusterleben düstere Bremsklötze vermuteten. Aber Henk zuckte nur die Schultern. »Ein Orgasmus ist nett, aber es braucht soviel Nervenkram, um so weit zu kommen«, sagte er. »Ich finde es blöd, mich einfach auf Anke drauf zu legen und loszurammeln, erst muß es gemütlich werden. Dann will ich sie streicheln und dafür sorgen, daß es ihr kommt. Erst danach will ich vögeln, und ich finde es auch ungezogen, dann gleich einzuschlafen, also schmusen wir noch eine Runde. Alles sehr nett, aber nichts für jeden Tag.«

»Und nicht einmal für jede Woche«, seufzt Anke.

Ich kann mir gut vorstellen, daß es manchen Männern egal ist. In allen Artikeln über Sex, die in Zeitungen und Zeitschriften veröffentlicht werden, steht in immer neuen Formulierungen, wie wenig Männer über Frauen wissen. Kaum haben sie gelernt, wo die Klitoris sitzt und wie dieselbe zum Leben erweckt werden kann, dann gibt es auch schon wieder einen G-Punkt, der – wenn man ihn nur zu finden weiß – den Genuß der Frau erst richtig hochbringt. Auf diese Weise wird Sex zu einer ziemlichen Aufgabe. Zu einer einsamen Aufgabe, denn dem Manne kann dabei nicht geholfen werden. Wenn die Frau es selber in die Hände nimmt oder erklärt, was sie im Bett schön findet, dann zerstört sie sein Selbstvertrauen.

Männer sind so zartfühlend. Ich kenne einen, der sich vier Jahre lang nicht mit seiner neuen Freundin ins Bett getraut hat, weil seine Verflossene so wütend auf ihn war, wenn er nicht oft genug geil war. »Ich liebe dich«, hatte er zu seiner neuen Freundin gesagt. »Aber im Bett läuft nichts, höchstens ein bißchen schmusen.« Sie fand das nicht so schlimm, sondern ganz gemütlich, und jetzt, vier Jahre später, fängt er endlich an, über seinen Schrecken hinwegzukommen. Ein anderer Mann hat mir erzählt, daß ihm die Objektivität solche Probleme macht. Wenn er mit einer Dame verkehrte, sah er sich dabei selber zu. Er sah seinen weißen Hintern auf und niedergehen und schämte sich zu Tode. Darum machte er lieber gar nichts. »Und wie steht's mit dem Stuhlgang?« fragte ich. Darüber hatte er noch nicht objektiv nachgedacht.

Vielleicht haben Männer ja recht, wenn sie sich vor Frauen fürchten. Manche Frauen benehmen sich wirklich unmöglich. Sie schreien laut oder fordern undurchführbare Leistungen. Es gibt Frauen, die im Liebesfeuer den Rücken des Geliebten zu Fetzen kratzen oder ihm die Zähne in die Schulter schlagen.

Doortje ist ein Fall für sich. Doortje hat ein Hobby, er heißt Huub. Pausenlos ersinnt Doortje neue Möglichkeiten, um Huub so blöd wie möglich erscheinen zu lassen. Auf Familienfesten erzählt sie von den Ferien, in denen Huub angeln wollte und jeden Tag so lange brauchte, um seine Angeln zu überprüfen, daß er nie ans Wasser kam, oder darüber, wie er ein Bild aufhängen wollte und dabei seinen Ärmel gleich mit annagelte, darüber, wie er die Polizei anrief und den Diebstahl seines Wagens meldete. Das Auto stand in der Garage. Während Doortje erzählt, sitzt Huub da und lacht dämlich. Er weiß es nicht besser. Ihr Liebesleben torpediert Doortje, indem sie in einer Menstruationshose im Bett paradiert. Das ist eine kluge Unterhose mit Plastikeinlage, die manche Frauen während ihrer Periode tragen. Vielleicht ein praktisches Kleidungsstück, aber der absolute Liebestöter. Huub läßt

sich von der Menstruationshose entmutigen, und Doortje lacht ihn aus: »Schlappschwanz«, schimpft sie. »Tote
Hose!«

Nicht jeder Huub hat eine Doortje. Es gibt Männer,
die auch ohne Terror kein Interesse am Sex finden. Das ist
öde genug für ihre Geliebte, aber es kommt noch etwas
dazu: Männer teilen es auf so wenig elegante Weise mit.
Wenn eine Frau keine Lust hat, dann erzählt sie eine nette
Geschichte, eine freundliche Entschuldigung, durch die
sie die Verantwortung übernimmt. Kopfschmerzen, zum
Beispiel, oder daß es schon so spät, so kalt oder so heiß
ist. Männer tun das nicht. Die lassen unbekümmert die
Spannung steigen, dann murmeln sie »gute Nacht« oder
»quengel nicht« und scheren sich nicht weiter um die Eti-
kette. Ich kenne nur einen Mann, der weiß, was sich gehört. Er ist verrückt nach seiner Frau, am Sex findet er
aber nur die Intimität interessant. »Wollen wir uns nicht
ins Bett legen?« fragt er sie. »Dann können wir so tun, als
ob wir gerade gevögelt hätten!«

Lieb

Als Sambia-Jan aus Sambia zurückkam, hatte er sich verändert. Er hatte Selbstvertrauen entwickelt und verachtete die Niederlande. Er erzählte oft und gern von den Vorteilen Sambias und vor allem von den dortigen Frauen. Die waren lieber, besser und im Bett enthusiastischer als alle Frauen, die Sambia-Jan in den Niederlanden jemals in den Armen gehalten hatte. Ich konnte mir gut vorstellen, warum er so dachte. Schon vor seiner Reise war er nicht gut angekommen, Frauen fanden ihn öde. Nach seiner Rückkehr in die Niederlande war er immer noch öde, aber nun erregte er noch dazu Ärgernis. Auch ich fand ihn reichlich langweilig, vor allem, wenn er sich darüber beklagte, daß Niederländerinnen nicht lieb wären. Lieb! Pfui Teufel! Eine liebe Frau lächelt, eine liebe Frau nimmt sich zurück, sie denkt erst an andere und zum Schluß an sich selber. Sie ist erst glücklich, wenn alle in ihrer Umgebung das auch sind, eine liebe Frau ist warm, sanft und interessiert.

Und was bekommt sie dafür? Ganz einfach, einen Mann. Und wenn sie den hat, dann wird sie noch lieber. Sie hält sich im Hintergrund, sie ermutigt ihn, sie sorgt für ihn, ist hingebungsvoll, mäkelt nicht an ihm herum und macht ihm keine Vorschriften. »Was hast du für eine liebe Frau«, sagt alle Welt zu ihrem Mann. Das ist ihr einziger Lohn, ansonsten hat sie nichts davon. Vielleicht ist ihr Mann auch lieb, aber das ist durchaus nicht sicher. Es gibt recht viele Mistkerle, die einen Schatz von einer

Frau haben. Warum verpaßt diese Person so einem Mann keinen Tritt an eine Stelle, mit der er nicht so schnell ausweichen kann? Warum bleibt sie immer lieb? Das kommt von der Sucht. Liebsein macht süchtig.

Es hat schon angefangen, als ich klein war. Ich hatte Angst vor anderen Kindern, weil ich arg gehänselt wurde. Statt ordentlich um mich zu schlagen, versuchte ich, meine Feinde zu besänftigen. Darauf fielen die Kinder nicht herein, die Erwachsenen dagegen wohl. Die fanden mich niedlich. Meine ganze Jugend hindurch bin ich von großen Menschen hochgehoben, beschmust und geknuffelt worden. Während andere Kinder schön Krach machen konnten, habe ich die Blumen gegossen. Nach der Schule las ich lieb ein Buch.

Lieb und öde, was für eine triste Kombination.

»Du aber auch immer mit deinen Einteilungen!« sagte ein Mann, der glaubt, einen äußerst weiblichen Geist zu haben. »Ich bin doch zum Beispiel ein lieber Mann.« Er ist auch wirklich sanftmütig, ruhig und freundlich, aber das ist doch nicht lieb. Er nimmt sich nicht zurück, er kocht kein Essen, auf das er keine Lust hat, er schmeichelt niemandes Selbstvertrauen mit ausgedienten Komplimenten. Und auf der Straße macht er ein mürrisches Gesicht, wenn er dazu Lust hat. Wenn eine Frau das macht, kommen gleich die Beschwerden. Eine Frau muß lieb sein, finden die Männer.

Zum Glück gibt es Frauen, denen das alles ganz egal ist. Marja zum Beispiel. Marja ist ein Hai. Sie ist verheiratet, um nicht arbeiten zu müssen, hat eine Stelle, um sich nicht um den Haushalt kümmern zu müssen, sie hat einen Liebhaber, der Geschenke wegen. Marja ist verrückt auf Geschenke, und wenn der Liebhaber ihr nicht regelmäßig eins mitbringt, dann schmollt sie und droht, alles ehrlich ihrem Mann zu beichten. Damit hat sie ihren Liebhaber in der Zange, ihr Mann ist nämlich sein Chef. Marja genießt ihre Macht.

Gemma ist auch ganz schön übel. Gemma hat ein Haus und einen Freund. Wenn sie morgens aufwacht, dann weckt sie ihn auch. »Es ist halb acht«, flüstert sie eindringlich. Das kommt sicher in vielen Haushalten vor, wo die Leute morgens zur Arbeit müssen. Aber Gemma arbeitet nicht, und ihr Freund braucht erst zur Direktorenzeit anzufangen. Sie weckt ihn, weil sie Tee möchte, und den muß er aufsetzen. Gemma kann es nicht vertragen, wenn ihr Freund im Bett liegt, während sie schon aufgestanden ist. Manchmal probiert der Freund das allerdings. Das hält er dann eine halbe Stunde lang durch. In dieser halben Stunde stellt sie Fragen: Was er tagsüber tun will, wo die Seife liegt, ob er einen Kater hat. Warum er immer wieder bei Gemma übernachtet, ist mir ein Rätsel. Er hat auch ein eigenes Haus, aber das renoviert er pausenlos. Manchmal zieht Gemma für eine Weile zu ihrer Schwester nach Brüssel. Dann kümmert sich ihr Freund um Gemmas Haus. Wohnen darf er dort nicht, das will Gemma nicht, aber er soll die Post auf einen Stapel legen und die Fische füttern. »Macht er das?« fragte ich verblüfft. »Ja, natürlich!« sagte Gemma. »Er liebt mich doch.«

Wenn wir das Liebsein erst einmal abgeschafft haben, dann sind die Möglichkeiten unbegrenzt. Yolanda ist Beamtin. Sie hat ein gutes Gehalt und schöne Karrierechancen. Sie wohnt mit einem Mann zusammen, der Sozialhilfe bezieht. Wenn das Sozialamt das herausfände, dann würde der Freund seine Sozialhilfe verlieren. Das würde Yolanda nicht gefallen. Yolanda führt gewissenhaft Buch. Wenn sie einkauft, präsentiert sie ihm nach dem

Dessert die Rechnung, der Freund muß die halbe Miete bezahlen und sich an den Benzinkosten beteiligen. »Ich will nicht, daß er mir auf der Tasche liegt«, sagt Yolanda. »Das ist nicht gut für seine Selbstachtung.«

Während die Hexen, die Biester und die Xanthippen die Welt nach ihrem Geschmack einrichten, kochen die lieben Frauen Kaffee. Sie sind niemandem lästig, und wenn ihnen selber jemand lästig wird, dann wissen sie nicht, wie sie sich verteidigen sollen. Ich kenne einen Schatz von einer Frau, die noch dazu schön ist. Männer sind nicht von ihrer Seite zu vertreiben. Verzweifelt macht sie den Versuch, aber sie ist zu lieb, um sie erfolgreich abzuservieren. Wenn sie »verpiß dich!« ruft, strahlen die Männer. Was für ein süßes Ding! denken sie.

Das muß einfach ein Ende nehmen. Liebe Frauen müssen ihre Sucht überwinden. So wie Ohnmacht, Keuschheit und Hüftgürtel aus der Mode gekommen sind, wird Liebsein zur Seltenheit, zur Kuriosität, zu einer intimen Perversität, der eine Frau sich ein seltenes Mal vielleicht hingibt, weil es der Liebe nützt. Aber nur ganz kurz, und danach faucht sie aus Herzenslust weiter.

Gesprächsthema Sex

Ich gehe nie fremd. Schon über sieben Jahre schlafe ich mit demselben Mann, und ich habe ihn noch nie betrogen. Das ist nicht schwer, ich bin nämlich nicht neugierig. Ich habe schon eine Menge Männer in den Armen gehalten, und ich könnte auch gut so weitermachen, aber etwas Neues kommt ja doch nicht dabei heraus. Wenn ich an die Stümperei im Geheimen und an die traurigen Gespräche mit dem Verlobten denke, der natürlich doch dahinterkommt, ist meine Lust gleich wieder verdorrt. Ich weiß etwas viel schöneres als Sex mit anderen Männern: Sex als Gesprächsthema.

Früher habe ich mich nie getraut. Männer waren doch so unberechenbar. Wenn wir an der Straßenbahnhaltestelle mit ihnen ins Gespräch kamen, boten sie nach ein paar Minuten gleich Kaffee und einen Samenerguß an. Das wollte ich nicht, deshalb wurde ich beim ersten Wort eiskalt, das auch nur im entferntesten auf Begehren hinzuweisen schien. Das geht vielen Frauen so. Deshalb trauen Männer sich nicht, fiese Wörter zu benutzen, wenn Damen in der Nähe sind, und deshalb machen Frauen ein mißbilligendes Gesicht, wenn sie einen *Playboy*-Kalender an der Wand hängen sehen. Eigentlich haben Frauen viel schweinischere Gedanken als Männer. Männer wollen zwar ihre Sprüche klopfen, aber sie wollen sie doch nur selten in die Tat umsetzen.

Übers Vögeln reden finden sie schon spannend genug. Ich auch. Natürlich meine ich damit kein geiles Gerede.

Mit Männern, die so reden, würde ich auch nicht ins Bett wollen. Ich brauche kein Kaninchen, auch nicht als Gesprächspartner. Aber eine nette Unterhaltung über Küsse in einer dauerhaften Beziehung, über Nahtstrümpfe oder über die Empfindlichkeit männlicher Brustwarzen finde ich aufregend. Das habe ich 1977 entdeckt. Ein Freund, der in Scheidung lag, kam zu Besuch. Wir sprachen über die Scherben seiner Ehe. Seine Frau hatte eine Gruppentherapie angefangen und sich in den Therapeuten verliebt. Sie führte mit diesem Mann innige Gespräche in ihrem Arbeitszimmer, und dagegen hatte Joop protestiert.

»Du glaubst doch wohl nicht, ich sitze hier unten bei einer Tasse Tee, während dieser Heini da oben an dir herumpudelt!« hatte er gebrüllt. Seine Frau hatte ihn unbeeindruckt angeschaut. »Später habe ich begriffen, warum«, sagte Joop. »Sie kannte den Ausdruck pudeln nicht.« – »Macht ihr das denn nie, Joop?« fragte ich. So hat es angefangen.

Ich weiß inzwischen bei sehr vielen Männern, wie sie im Bett sind. Ich weiß, was sie gut können, was sie nicht mögen und worüber sie phantasieren. Vor allem finde ich es interessant, über Phantasien zu sprechen. Darüber hören wir viel zu selten etwas. Ein fester Verlobter erzählt nicht so leicht, daß er an eine dicke Schlampe denkt, während er seine schlanke Frau liebt. Das würde das Vertrauen doch arg untergraben. Phantasien handeln immer von etwas, das im Moment *nicht* geschieht. Deshalb ist es unhöflich, den Partner darüber zu informieren. Ich weiß wirklich nicht, woran mein eigener Verlobter im Bett denkt. Wenn ich ihn frage, dann antwortet er steif und fest: »An dich.«

Das ist sehr nett und vermutlich nicht wahr.

Ich denke gern an eine derbe, stämmige Maid, die mitten in der Arbeit eine plumpe Nummer mit einem ausgesprochen häßlichen Mann hinlegt. Das ist natürlich keine besonders elegante Phantasie, aber ich will auch gar keinen Preis dafür bekommen.

Ein Kollege von mir hat auch eine ganz schlimme: Vor einem Schaufenster steht eine Dame und betrachtet die ausgestellten Waren. Er nähert sich von hinten, hebt ihren Rock und nimmt sie mit einer mächtigen Bewegung seiner brennenden Lenden.

Onanie ist ein schwieriges Thema, darüber sprechen die Leute nicht unbefangen. Das liegt an der Sprache. Es gibt keine brauchbaren Wörter. Selbstbefriedigung ist sehr nett, aber als Verb wird es so schrecklich schwerfällig. Wichsen ist nur für Männer brauchbar, Fingern ein fieses Wort. Onanieren also, und ich bin immer schrecklich neugierig, wie oft die einzelnen es tun. Und wo. Ich kenne einen Lehrer, der sich jedesmal, wenn er zu Hause an den Klassenarbeiten sitzt, einen runterholt. Nicht einmal, sondern oft gleich dreimal! Das kommt von Langeweile und Ärger, sagt er.

Ich frage auch gern, wer ihnen das Onanieren beigebracht hat. Die meisten Männer lernen es von einem älteren Bruder oder einem Freund, aber einige haben es auch selber entdeckt. Einer hat mir erzählt, daß er als kleiner Junge mit den Fingern seine Vorhaut festhielt und schüttelte. Das machte er einfach. Dann merkte er, daß es angenehm war. Erst viele Jahre später ist er dahintergekommen, daß es noch eine bessere Methode gibt.

»Zwischen Mann und Frau gibt es keine Freundschaft«, hören wir oft von Frauen. »Es artet doch immer in Sex aus.« Das stimmt natürlich, aber warum sollen wir es nicht trotzdem genießen? Ich finde, daß Sex eine

Freundschaft bereichert, und sei es nur wegen der Intimität. Wir dürfen nur nicht alles gleich in die Tat umsetzen wollen. Das dauert zu lange. Gespräche über Sex sind nicht nur gemütlich, spannend und interessant, sie können auch zu netten Entwicklungen führen. Ehe wir noch piep sagen können, haben wir schon das Thema »besondere Leckerbissen« am Wickel. Wenn wir alles selber ausführen wollten, würden wir das in einem ganzen Jahr nicht schaffen, und schon gar nicht mit vielen Männern gleichzeitig.

Wer hat behauptet, es sei so schwer, mit einem Mann zu reden? Es ist überhaupt nicht schwer, im Gegenteil. Nur müssen wir das Thema sorgfältig aussuchen. Über Sex reden sie gar zu gern. Schade, daß Frauen so zurückhaltend sind. Sie wissen nicht, was ihnen entgeht!

An die Männer gewöhn' ich mich nie

»Die Männer sind nicht stubenrein.« Das ist nicht auf meinem Mist gewachsen, jemand anders hat es gesagt, eine Frau, die wußte, wovon sie sprach. Sie ist schon seit siebzehn Jahren verheiratet und damit nicht zufrieden. Ihr Mann ist ein schweigsamer Brüter, mit dem sie nur wenig Nettes erleben kann. Sie hat ihn geheiratet, weil er sie so bedrängt hat. Damals war er auch nicht sehr amüsant, aber er sah sie so hilflos an, daß sie ihn trotzdem genommen hat.

Das hat sie bereut. Er ist mürrisch im Umgang, und es bringt viel Arbeit mit sich, ihn zu versorgen. Seine stinkenden Socken läßt er liegen, wo sie fallen, er bringt keine Kaffeetasse in die Küche, und er ist mit allem unzufrieden. Wenn seine Frau nicht genau dasselbe kocht wie seine Mutter ihm vor vierzig Jahren vorgesetzt hat, dann beschwert er sich.

Es wäre ja alles noch zu verzeihen, wenn er auch seine guten Seiten hätte. Bilder aufhängen, Lichtschalter montieren, kleine Reparaturen – aber das schafft er nicht. Er liest die Zeitung und geht zur Arbeit, das ist alles.

Der Mensch beginnt als Embryo. Ganz zu Anfang kann der Embryo noch zu Mann oder zu Frau werden, aber nach einigen chemischen Schaltungen ist der Lebensweg festgelegt. Nach der Geburt geht die Entwicklung weiter, aber die Fachleute können sich nicht einigen, ob Umgebung oder Veranlagung entscheiden, ob jemand Zim-

mern oder Staubwischen, Billard spielen oder Knöpfe an-
nähen lernt.

Ich bin eine gute Hausfrau. Früher hatte ich grund-
sätzliche Einwände dagegen. Mit Absicht ließ ich den
Bogenhanf verdorren, die Wäsche verfärben und das Essen mißraten. Ich dachte, mein Mitbewohner würde sich
dadurch spontan an die Hausarbeit machen. Das war
nicht so. Der ganze Kram verrottete, und die einzige, die
darunter litt, war ich. Ich ekele mich vor Staub, es juckt
mir in den Fingern, wenn ich Tassenringe auf einem
Tisch sehe, und wenn meine Wäsche auf der Leine hängt
– erst die großen Teile, dann die kleinen –, dann fühle
ich mich glücklich. Meine Wäsche.

Früher habe ich nicht gewagt, so etwas zu denken.

Der Feminismus ordnete an, Frauen müßten Mauern
und Fräsen lernen, und das nahm ich mir zu Herzen. Bei
mir zu Hause gibt es noch einen blöden Blumenkasten
aus Backsteinen und die vielen schiefen Steckdosen, die
ich damals angebracht habe.

Darüber bin ich inzwischen hinaus.

Männer verändern kostet viel Zeit, und ich habe nur
selten Ergebnisse gesehen.

Meine Schwester hatte einmal einen braven Mann. Er
war modern erzogen und kannte es nicht anders, als daß
er im Haushalt helfen mußte. Das reichte meiner Schwester aber nicht. Hälfte / Hälfte, sagte sie kühn, und dann
verteilte sie die Aufgaben. Neben seinem Rasierpinsel
hing die Liste der anfallenden Arbeiten. Das half überhaupt nichts. Ihr Mann machte brav, was sie ihm auftrug,
falls er es nicht vergaß, aber es blieb eben beim Helfen.
Meine Schwester war stocksauer, aber das beeindruckte
ihn auch nicht. Schließlich war sie öfters stocksauer.

Einen Mann zur Sauberkeit zu erziehen muß sehr behutsam geschehen. Zuviel schimpfen hat den entgegengesetzten Effekt. »Du bist auch nie zufrieden!« sagt er dann und verschmiert aus purem Trotz Eigelb im Perserteppich.

Auch mit Komplimenten müssen wir vorsichtig sein. Wenn ein Mann dreimal gelobt wird, weil er gespült hat, dann wird er mißtrauisch, hat Angst, den Markt zu verderben. Eine Haushaltsarbeit muß sinnvoll sein, nicht zu oft anfallen und leicht auszuführen sein, dann macht er sie; Kleider waschen, wenn nichts Sauberes mehr vorhanden ist, oder die Müllsäcke nach draußen bringen, wenn sie den Flur verstopfen.

Nicht alle Männer halten Putzen für widernatürlich, manche halten es sogar für die normalste Sache der Welt, wenn sie Fensterputzen müssen. Blöderweise sind das nicht die nettesten Männer. Bert zum Beispiel verlegt sich immer, wenn er sich darüber ärgert, daß die Kinder zu laut sind, die Zeitung zu spät kommt oder das Auto kaputt ist, aufs Staubsaugen. Sehr geräuschvolles Staubsaugen, bei dem die Möbel energisch hin und her geschoben werden, und er nimmt sich vor allem Stühle vor, auf denen jemand sitzt. Mit seiner haushaltlichen Unschuld hat er allerdings auch seine Gelassenheit verloren. Ich habe ihn einmal seine Familie anpöbeln hören, weil die Brottüte in der Mitte aufgerissen worden war. Das soll man sich vorstellen, in der Mitte!

»Begreift ihr denn nicht, daß dadurch das Brot hart wird? Jetzt können wir die Tüte doch nicht mehr zumachen!«

»Wir haben doch eine Brottrommel, Pa!« hielt sein Sohn zaghaft dagegen.

»Es geht ums Prinzip!« polterte Bert.

Er ist ein Perfektionist. Früher hat er ganze Tage, sogar

ganze Wochen geschuftet, bis er einen Herzanfall hatte und der Arzt es ihm verbot. Seine Frau nutzte seine vorübergehende Hilflosigkeit aus und erklärte, daß sie keine Lust mehr hätte, Socken zu waschen oder den Kindern hinterherzuräumen. Sie suchte sich eine Halbtagsstelle, und seitdem teilen sie und Bert sich die Hausarbeit. Aber Bert kann nicht maßhalten: Er bügelt die Socken. Ich mag mir gar nicht vorstellen, so einen Mann im Haus zu haben.

Es scheint mir ohnehin nicht ratsam, einen Mann ins Haus zu nehmen. Eigentlich wird das nur zur Belastung. Wie praktisch wäre da doch eine Institution, eine Pension für Ehemänner, wo sie ungestört mit ihrer Unterwäsche um sich schmeißen, ihren Kaffee verkleckern und ihre Haare waschen könnten. Nur für die Gemütlichkeit kommen sie dann ins Haus.

Ich kenne eine Familie, die ungefähr so lebt. Er hat ein Zimmer in der Nachbarschaft seiner Frau und seiner Kinder. Das kommt vielleicht ein bißchen teurer, aber es erspart doch großes Elend. Tagsüber kommt er nach Hause essen, und meistens bleibt er dann über Nacht. Seine Kinder zeigen ihm ihre Zeichnungen, und er ist nett zu ihnen.

»Jetzt kann ich mit ihm leben«, erzählte seine Frau. »Früher habe ich oft geseufzt. Die Männer sind eben nicht stubenrein.«

Liebestöter

Nach einem Jahr Liebe, einem Jahr Zweifel, einem gebrochenen Herzen und einigen Monaten Stille beschloß ich, das Problem zu verändern. Ich ging auf Jagd. In Kneipen, in Parks und Grünanlagen, überall gibt es Männer in reicher Auswahl. Um jedenfalls ein gemeinsames Vergnügen zu garantieren, fing ich in der Kneipe an. Da war es nicht schwer, einen passenden Knaben aufzutun, mit dem ich die Nacht verbringen konnte. Ich nahm ihn mit nach Hause, und wir gingen ans Werk. Soweit war alles wunderbar. Der Nämliche war nett anzusehen, freundlich im Umgang und hatte eine saubere Unterhose. Letzteres ist sehr wichtig. Wenn ein fester Verlobter braune Streifen in der Wäsche hat, dann können wir böse werden, und wenn das nicht hilft, verzweifelt, aber er bleibt doch unser eigener Freund, den schicken wir so leicht nicht weg. Bei einer Aushilfskraft liegt das anders. Dieser Mann war in Ordnung, das stand fest. Aber als wir voll in Gang gekommen waren, geschah es: Er rief ein Wort. Ein fieses Wort. Das hätte er nicht tun dürfen. Zehn Sekunden früher war er noch ein begehrenswerter Liebhaber gewesen, jetzt dachte ich: Pfui Teufel! Vielleicht hätte ich ihn energisch aus dem Bett werfen sollen, aber das tat ich nicht. Ich dachte, es wäre für ihn allzu enttäuschend. Vielleicht hatte er es aus Enthusiasmus gerufen, als Beitrag zur Erregung. Aber ich fand es nicht geil, im Gegenteil: Wer fiese Wörter sagt, ist erledigt.

Menschen sind sehr empfindlich in ihrem Sexualleben.

Von Frauen wissen wir schon, daß sie so verfeinert sind, daß Sex eigentlich nicht schön genug ist, aber auch Männer, die energisch beteuern, daß sich in ihrem Innersten ein Kaninchen versteckt, brechen einfach ab.

Ich kenne einen Mann, der kein weiches G ertragen kann. Weil er ein gebildeter Mann ist, der weiß, daß ein solches Vorurteil durch nichts gerechtfertigt werden kann, wird er ab und zu mit einem Schatz aus Limburg oder Brabant im Arm wach.

»Am Vorabend ging noch alles gut«, sagt er zur Entschuldigung. »Da sehe ich, wie lieb sie ist, oder wie schön, aber morgens sehe ich dann nur noch das G auf dem Kissen liegen.« Jetzt nimmt er niemanden mehr mit nach Hause. Lieber übernachtet er auswärts. »Dann kann ich mir morgens schnell meine Jacke anziehen und sagen, ich müßte zur Arbeit oder zu meiner Mutter nach Apeldoorn.«

Manche Menschen verlieren schon beim Anblick der Inneneinrichtung die Lust. Eine Freundin, die es in der Welt der Literatur sicher noch weit bringen wird, hat mir erzählt, daß sie einmal auf dem Absatz kehrtgemacht hat, als sie sah, daß der Mann, mit dem sie nach Hause gegangen war, lediglich ein Konversationslexikon im Bücherregal stehen hatte. Das fand ich doch leicht übertrieben. Sie hatte ihn sich doch nicht wegen seiner geistigen Tiefe ausgesucht? Solange er nicht anfängt, vorzulesen, würde mir das nichts ausmachen. Das mit dem Vorlesen ist nicht einfach nur so dahergeredet. Ich habe es durchaus erlebt, daß ein Mann im Bett plötzlich vorlesen wollte, und dann auch noch aus der Bibel. Er las das Hohelied, das natürlich prachtvoll ist, aber richtig vertrauen konnte ich ihm dann nicht mehr. Und als er kurz vor dem Orgasmus anfing, »Engel, Engel« zu stöhnen, war alles im Eimer.

Erbsensuppe, dachte ich. Das hatte ich von einem Freund. Der litt so schrecklich unter Ejaculatio praecox. Wenn er innerlich immer wieder »Erbsensuppe« murmelte, dann dämpfte sich seine Erregung, und er brachte doch noch etwas zustande. Seit er mir das erzählt hat, fällt mir unweigerlich dieses Wort ein, wenn es mir im Bett nicht mehr gefällt. Das Blöde mit den Liebestötern ist, daß sie immer im unpassenden Moment auftreten. Man kann doch nicht zurück, wenn man erst einmal im Bett liegt. Ein Mann kann immer noch impotent werden, aber für eine Frau ist das nicht so einfach.

»Was heißt hier einfach!« schimpfte Andy. Andy ist prachtvoll. Er hat einen strahlendschönen Körper, blonde Locken und grüne Augen. Viele Frauen schmieden bei seinem Anblick Pläne, aber Andy hat einen schlechten Ruf. Er gibt im Bett einfach auf. »Ich kann nichts dafür«, sagte er verzweifelt. »Es gibt soviel, was ich nicht vertragen kann. Strumpfhosen zum Beispiel, eine Frau mit einer Strumpfhose, so einem Strumpf, der bis zur Achselhöhle reicht. So was ist doch bloß brauchbar bei einem Überfall! Und Zehen, ich kann komische Zehen nicht ausstehen. Ich hatte eine Zeitlang eine Freundin, eine liebe Frau, aber sie hatte so komische Zehen! Sie sahen aus wie Wurzeln. Nach und nach konnte ich nirgendwo anders mehr hinschauen!«

Ich sah, wie ihm der Schauer über seinen wohlgeformten Körper lief. »Und der Geruch! Manche Frauen haben einen unangenehmen Geruch. Daran können sie vielleicht nichts ändern, aber sie könnten sich doch vorher wenigstens kurz waschen! Ich scheine der einzige zu sein, der das riecht, denn einige Frauen, bei denen ich überhaupt nicht konnte, hatten lange Beziehungen hinter sich.«

Traurig musterte er seinen Hosenschlitz. »Offenbar habe ich da eine Nase und keine Eichel.«

Andy hat eine Spur von gebrochenen Herzen hinter sich gelassen. Nur die Freundin mit den Zehen kam schnell darüber hinweg. Sie hat dafür eine Methode: Liebestöter. Sie trauert einem Mann niemals lange nach, hat sie erzählt. »Wenn ich mir einen Mann vorstelle, dem die Hose auf den Knöcheln hängt, dann muß ich einfach kichern. Das ist so ein bescheuerter Anblick, daß ich mir dieses Bild nur vorzustellen brauche, und schon ist die Liebe vorbei. Und wenn das nicht gleich hilft, dann stelle ich mir noch eine Erektion vor, denn ein Mann mit einer Erektion und heruntergelassener Hose tötet einfach alle Sehnsucht.« Sie lächelte höhnisch.

»Mit Andy war das absolut kein Problem. Andy ist ein bißchen schief, er hat einen Knick in seiner Latte.«

Ach, dachte ich gerührt. Andy hat einen Knickpimmel. Aber da sah ich denselben plötzlich vor mir.

»Erbsensuppe«, sang meine innere Stimme.

Liebe mit Sex

»›Willst du mich heiraten, Lindsay?‹ – ›O, Steven! O mein Liebling – ja!‹ Sie flogen einander in die Arme und tauschten einen langen, innigen Kuß.« So endet der spannende Damenroman *Die Sterne des Himmels* von Meg Dominique, dem Buch, das einer Dose Haarspray als Gratis-Zugabe beilag. Sieben Jahre lang war ich süchtig nach solchen Romanen.

Das fing 1976 an, als ich alles Vertrauen in die Liebe eingebüßt hatte. Damals mietete ich mich auf einem abgelegenen Bauernhof in Friesland ein, wo es weder Strom noch fließendes Wasser gab. Statt dessen gab es stapelweise Romanheftchen. »Möchtest du einen Küchenmädchenroman?« fragte die Gastgeberin. Von diesem Augenblick an war ich unersättlich. Ich las pro Tag mindestens drei von diesen Dingern. Ich entdeckte die verschiedenen Reihen. Alte Vorräte waren rasch erschöpft, und die Sucht setzte mir immer schlimmer zu. Jeden Monat erschienen in meiner Lieblingsreihe fünf neue Titel. Die hatte ich innerhalb von zwei Wochen verschlungen.

Eines Tages war das vorbei. Mitten in den Verwicklungen der verletzlichen jungen Journalistin Mercedes und des dunklen verschlossenen Großgrundbesitzers Dominic wurde mir klar, daß es mich nicht die Bohne interessierte, ob die beiden sich kriegten oder nicht. Sieben Jahre Damenromane lagen hinter mir.

Menschen, die noch keine gelesen haben, bilden sich ein, Damenromane handelten von Liebe. Das stimmt nicht. Sie handeln von Sex. Liebe ist nicht sexy. Deshalb hört die Erzählung in dem Moment auf, wo der Rausch der Verliebtheit mit einem Gelöbnis für den Rest des Lebens besiegelt wird. Erst dann ist die Rede von wahrer Liebe, und für die gierige Leserin gibt es nichts mehr zu erleben. Echte Liebe, die haben sie zu Hause auch. Die gurgelt morgens mit Mundwasser im Badezimmer, die erscheint an ihrem freien Tag im Schlafanzug zum Frühstück. Es ist die Verliebtheit, die ihr fehlt, die Erregung, die Verheißung sexueller Wonnen. Und die gibt es im Damenroman zuhauf. In jedem Heftchen gibt es einen neuen Anfang, eine atemraubende Romanze. Jeder Kuß jagt Schauer über ihren Rücken, und in ihren grauen Augen schwelt eine unermeßliche Leidenschaft.

Sex ohne Liebe ist kühl und unpersönlich, aber zuviel Liebe tut auch nicht gut. Liebe ist von Haus aus so gemütlich und unterhaltend, daß Sex bald überflüssig wird. Wenn wir die ganze Nacht dicht beieinander geschlafen haben, ist es nicht selbstverständlich, daß die vertrauten Körperformen uns beim Erwachen in wilde Leidenschaft versetzen. Menschen, die sich sehr lieben, versuchen auf alle mögliche Weise zu verhindern, daß die Liebe mit ihrem fetten Hintern allen Sex zerquetscht. Ich kenne eine Frau, die entsetzliche Streitereien vom Zaun bricht. Ihr Mann hat einmal erklärt, daß er sie verabscheut, wenn sie loswütet, aber daß sie sich von selber wieder beruhigt, und wenn sie sich dann mit schuldbewußtem Gemüt um ihn bemüht, fühlt er sich wie ein Eroberer. Ihr Sexualleben ist phantastisch, das finden sie beide. Ich finde ihre Methode ziemlich primitiv. Es gibt viel bessere.

In Wochenzeitschriften für moderne junge Menschen kommt das Thema oft zur Sprache. Dort werden verschiedene Methoden beschrieben, mit denen Liebespartner versuchen, die Liebe im Zaum zu halten, um damit den Sex zu retten. 1979 wurden Getrennte Wohnungen empfohlen. Der Vorteil dieser Methode ist, daß der andere nicht dauernd zur Verfügung steht. Wir müssen Zeitpunkt und Ort verabreden, wenn wir uns sehen wollen. Das schafft eine nette Distanz. Beteiligte an einer Beziehung mit getrennten Wohnungen hatten nicht die Möglichkeit, vollständig ineinander aufzugehen. Der Abwasch im einen Haus war sein Abwasch, der im anderen der ihre.

1984 las ich einen Artikel über getrennten Urlaub. Menschen, die im täglichen Leben alles zusammen machten, verreisten im Sommer allein. Sie schickten vielleicht eine Ansichtskarte und brachten ein Geschenk mit, aber sie erzählten einander nicht, was im Urlaub genau vorgefallen war. Das machte das Abenteuer noch spannender. Nach den Ferien umarmten sie einander, und die sexuelle Ekstase kannte keine Grenzen. »Die Beziehung war wie neu«, sagten sie wie aus einem Munde, und wenn nach dem langen Winter die Wollust langsam abnahm, dann reichte der Gedanke an die bevorstehende Sommersaison, um alle Klagen im Keim zu ersticken.

Seit der Ankunft der unheilbaren Geschlechtskrankheiten ist die Begeisterung für die getrennten Ferien stark geschrumpft. Niemand spricht noch davon. 1986 gab es eine kurze Zeit, während der von sexueller Enthaltsamkeit die Rede war. Das Neue Zölibat sollte in Mode kommen. Das ist natürlich Unsinn. Sex ohne Liebe mag ein Notbehelf sein, Liebe ohne Sex ist nur noch doof. Dann sollte man lieber bei Vater und Mutter wohnen bleiben.

In diesem Jahr haben Menschen, die über Trends Buch führen, eine ganz neue Erscheinung entdeckt: Getrennte Schlafzimmer. Moderne Menschen haben sie schon. Statt

des einen großen Schlafzimmers mit einem platzrauben-
den Zweipersonenbett und einem unbezwinglichen Bett-
bezug werden zwei kleine Zimmer eingerichtet. Ich
kenne jemanden, der so lebt. Seine Freundin litt unter
Schlaflosigkeit. Wenn sie nachts im Dunkeln lag und grü-
belte, verwünschte sie seine ruhigen Atemzüge, das zu-
friedene Schmatzen, das sie hörte, das wollüstige Ge-
brumm, wenn er sich behaglich auf die andere Seite
drehte.

Sie kaufte sich ein neues Bett und richtete das Mansar-
denzimmerchen für sich ein. Seither schläft sie wie Dornröschen, und ihr Liebesleben blüht wie nie zuvor. Behutsam klopft er an ihre Schlafzimmertür. Ob sie wohl auch
solches Verlangen nach ihm hat? Er hat ihr einen Strauß
Gänseblümchen mitgebracht.

»Gestern abend war es wunderbar«, flüsterte Lindsays
Mund an seiner Schulter. »Du warst hinreißend.« Innig
streichelte er ihren Hals.

»Weißt du, was ich dachte, als ich wachgeworden bin
und du verschwunden warst?«

»Sag es mir.«

»Daß ich nur von dir geträumt hätte.«

Unglückliche Liebe

Manche Bücher haben wunderbare Titel. *Die einzig dauerhafte Liebe ist die unglückliche Liebe* ist so ein Fall. Der Inhalt ist auch ganz nett, aber den hätten sie eigentlich weglassen können. Unglückliche Liebe ist, mehr noch als eine unglückliche Jugend, eine unerschöpfliche Goldmine für einen Schriftsteller. So eine Jugend hat man nur einmal, und in den Niederlanden scheinen alle dieselbe durchgemacht zu haben: Eine protestantisch-christliche mit viel schöner Natur. An unglücklichen Lieben können wir uns unbegrenzt bedienen.

Ich habe früh damit angefangen. Ich war elf und verliebt in Maarten Binnendijk. Er interessierte sich aber nicht für mich, schlimmer noch, er wußte nicht einmal, daß es mich gab. Und dabei saßen wir in derselben Klasse, der siebten, wo er sich seit Jahren herumquälte, bis er vierzehn war und sich eine Stelle suchen konnte. Er sah mich nicht. Verzweifelt versuchte ich, seine Aufmerksamkeit zu erregen, aber nichts half, weder kichern noch flirten, es hätte schon etwas Großartiges passieren müssen.

»Ich bin in Maarten Binnendijk verliebt«, schrieb ich in mein Tagebuch, »ich wünschte, ich würde mir den Knöchel brechen.«

Eigentlich habe ich es nie weit gebracht; eine unglückliche Liebe kann viel mehr Tiefgang haben. Als ich noch Psychologin war, habe ich schöne Exemplare erlebt. Männer und Frauen, bei denen man niemals eine poetische Seele vermutet hätte, pflegten wahre Abgründe von unerwiderter Liebe.

»Es geht um Tineke«, erklärte ein Klient.

Er hatte ein häßliches Gesicht und kam mir überhaupt nicht begehrenswert vor, aber das war nicht der Grund, aus dem Tineke ihn verschmäht hatte. Sie hatte ihn durchaus gemocht, aber seine versengende Liebe wurde ihr sehr bald zu mächtig. Wenn sie einkaufen ging oder den Hund ausführte, wartete er am Fenster, bis sie zurückkam. Tagsüber rief er sie bei der Arbeit an, und abends sah er ihr schweigend beim Stricken zu. Nach ein paar Monaten beendete Tineke die Beziehung. Einen Hund hatte sie schon.

Von diesem Tag an entflammte sein Herz erst richtig. Alles, was sie tat, im Auge zu behalten war für ihn eine Ganztagsbeschäftigung, und er rief ihre Freunde an und bedrängte ihre Familie, ihm doch Neuigkeiten über sie zu erzählen. Das ging jahrelang so weiter. Als ich ihn zum erstenmal traf, schmachtete er schon seit fünf Jahren unter dieser Liebe.

Ich konnte nichts für ihn tun. Ein gebrochenes Herz kann genesen, gegen eine unglückliche Liebe ist die Therapie machtlos. Und so seltsam ist das doch gar nicht. Große Gefühle sind schön. Verglichen mit den Höllenqualen des Liebesverlangens ist Glück doch ziemlich zurückhaltend. Glück ist ein bißchen wie Ostereier: Das Suchen macht den meisten Spaß.

Nach Maarten Binnendijk bin ich noch mehrmals äußerst falsch verliebt gewesen, aber meine wahren Talente scheinen auf einer anderen Ebene zu liegen: Andere unglücklich zu machen. Ohne besondere Verdienste meinerseits erwachte in den Herzen guter Bekannter ein unstillbarer Hunger nach mehr. Zu Anfang fand ich das nicht schlimm. Die Freundschaft wurde zwar etwas zeitraubend, aber ich entdeckte erst, als es schon zu spät war, was ich für entsetzliche Verheerungen angerichtet hatte.

Ich hatte wichtige Fragen mit oberflächlicher Lustlosigkeit beantwortet, feinsinnige Geschenke nicht richtig zu schätzen gewußt, ich hatte ein Gedicht nicht verstanden und eine Verabredung, auf die der andere sich seit Wochen gefreut hatte, aus fadenscheinigen Gründen abgesagt. Zu Anfang hoffte ich noch, daß er mich ganz schnell sattbekommen würde, aber dann begriff ich, daß wir nicht so leicht davonkommen. Erst müssen wir auf die Liebeserklärung warten. Wir können natürlich gleich bei den allerersten Anzeichen fragen, ob jemand eine unkluge Liebe zu uns gefaßt hätte, aber das wäre doch unhöflich. So eine Frage unterstellt eine Intimität, vor der wir uns doch gerade schützen möchten.

Aber eines Tages ist es so weit: Ich liebe dich.

Ich versuchte alles: Verständnisvolle Gespräche, Flehen, Erklärungen, sogar Verbote.

»Ich will niemandes unglückliche Liebe sein!« schrie ich einen gequälten Knaben an, den ich kaum kannte und den ich überhaupt nicht begehrte. Schweigend blickte er mich an. Nach zwei Tagen bekam ich einen Brief, in dem er schrieb, was er nicht zu sagen gewagt hatte. Es war ein scheußlicher Brief voller Leidenschaft und Elend, die ich hervorgerufen hatte. Das fand ich am allerschlimmsten. Wenn wir uns vorstellen, daß uns jemand liebt, dann bilden wir uns doch ein, daß es sich um etwas Schönes handelt. Aber das ist nur selten der Fall. Die reine Trauerarbeit wird vor unseren Augen verrichtet: Wut, Trauer und schließlich Schicksalsergebenheit. Ich war eine schleichende Krankheit, ein ekles

Geschwür, und nur ein radikaler Eingriff konnte das Opfer noch retten.

Ob das anderen nie so geht?

»Aber ja doch«, sagte ein Mann mit veilchenblauen Augen. Er schielt ein bißchen und ruft Rührung hervor.

Ach, der Süße, denken die Frauen, aber sie wissen nicht, was dann kommt.

»Ich nutze die Situation immer ein bißchen aus«, sagte er mit liebem Grinsen. Verblüfft sah ich ihn an! Daß ich noch nie darauf gekommen war! Die ganzen Jahre lang hatte ich es falsch angefangen. Ich hätte Arbeiten vergeben, ein schönes Kunstwerk oder eine Heldentat ausführen lassen müssen. Was für eine Dummheit! Ich dachte, daß meine Anbeter durch das Feuer in ihren Herzen zugrunde gingen, aber das war gar nicht so. Sie verkümmerten, weil sie nichts zu tun hatten.

Von jetzt ab fang ich's klüger an. Wer möchte meine Wäsche bügeln?

Hund

Die Menschen sehen aus wie ihre Hunde. Das soll auch so sein. Ein Mann, der gerne zeigt, wie gefährlich er ist, entscheidet sich für einen Dobermann-Pinscher, nicht für einen Pekinesen. Eine elegante Dame geht lieber nicht neben einem sabbernden Boxer spazieren. Manchmal dauert es seine Zeit, bis Hund und Herr einander gefunden haben. Mein Nachbar ist ein langer hagerer Herr mit saurem Gesicht. Er grüßt fast niemanden in der Straße, und wenn er Guten Morgen sagt, dann hört es sich an, als ob es den ganzen Tag regnen würde. Eines Tages hatte der Nachbar ein Hündchen bei sich, ein niedliches Wollknäuel, das für jeden Passanten mit dem Schwanz wedelte und beim geringsten Annäherungsversuch außer sich vor Freude an einem hochhüpfte. Sollte sich hinter dem verächtlichen Blick des Nachbarn etwas Schönes verbergen? fragte ich mich, aber nach einem halben Jahr war klar, wie alles zusammenhing. Das Hundeknäuel entwickelte eine spitze Schnauze, und nach seiner ersten Trimmtour kam ein bescheuertes Felljäckchen zum Vorschein. Inzwischen ist das Vieh drei Jahre alt und wedelt nur noch selten.

Außer Hunden und Menschen ähneln sich auch Leute, die viel zusammen sind. Sonntags können wir das leicht beobachten. Dann fahren sie zusammen Rad, auf zwei haargenau identischen Rädern, in haargenau identischen Regenjacken. Oder sie ziehen in identischen Trainingsanzügen los, auf denen der Markenname in großen Buch-

staben zu lesen steht. Das finden sie ganz natürlich. Ehepaare reden auch gern zusammengehörig. Ich kenne
manche, die nur in der ersten Person Plural sprechen:
»Wir mögen nur selbstgebratene Pommes«, sagte kürzlich ein Freund. Seine Frau brät die Pommes und er ißt sie
auf, aber das erscheint dem Ehepaar als unwichtiges Detail. Beinah alles, was die beiden erzählen, wird in der
Mehrzahl mitgeteilt. Nur wenn sie sich streiten, ändert
sich das kurzzeitlich. »Sie hat auch immer etwas zu mäkeln.« – »Er hält dieses Haus offenbar für ein Hotel!«

Ich habe mich an dieses »wir« nie so recht gewöhnen
können. Mein letzter Verlobter war ein anhänglicher
Mann. Neben seiner Exfrau hatte er Busenfreunde, Kollegen, einen festen Billard- und einen Angelpartner und
einen Skatverein. In all seinen Erzählungen war immer
nur die Rede von »wir«. »Als wir in Frankreich waren«,
erzählte er, und dann folgte ein Erlebnis. Wenn ich gut
zuhörte, konnte ich mir zusammenreimen, daß er nicht
mit seiner damaligen Frau in Frankreich gewesen war,
sondern mit einem Kollegen. Anfangs fragte ich immer
wieder, wer denn jetzt schon wieder mit »wir« gemeint
wäre, aber dann ließ ich es sein. Bis ich bemerkte, daß er
auch mich in seine Erzählungen einbezog.

»Wir mögen Ingmar Bergman nicht«, hörte ich ihn einmal sagen. Ich kann mich nicht erinnern, daß er mich je
zu meinem Filmgeschmack befragt hätte. Wir gingen immer in Filme, die er ausgesucht hatte, Cowboyfilme,
Gruselfilme, Gangsterfilme. Die Cowboyfilme gefielen
mir, Gruselfilme und Gangsterfilme fand ich ziemlich
scheußlich. Aber ich war immer froh, wenn so ein Film
zu Ende war, und deshalb kam ich fröhlich aus dem Kino.
Ich kam nicht auf die Idee zu sagen, daß ich lieber einen
schönen Naturfilm sehen würde. Langsam war meine

eigene Meinung geschmolzen, ich fing an, in ihm aufzugehen.

So ist es nun einmal, wenn ich verliebt bin. Als ich mit einem Stukkateur zusammen wohnte, lernte ich Zimmern und Mauern und Lichtschalter anbringen. Mit einem kunstbeflissenen Verlobten ging ich jeden Sonntag ins Museum, und von einem Sterndeuter lernte ich alles über Astrologie. »Findest du nicht, daß deine Schwester ein typischer Stier ist?« fragte er zum Beispiel. »Aber ja«, sagte ich dann, denn fast alles, was jemand über meine Schwester behauptet, ist wahr. Sie hat einen vielseitigen Charakter. Ich hatte nichts gegen Astrologie. Es war mir auch egal, ob mein Verlobter Briefmarken sammelte oder Horoskope stellte, ich fand es nicht nötig, mir ein gediegenes Urteil darüber zu machen. Eigentlich wurde es erst ein bißchen peinlich, als ich mit dem nächsten Mann zusammen war, dem mit der Mehrzahl. »Wir glauben nicht an Astrologie«, sagte er. »Wir finden Astrologie öd und blöd.«

Ich bin nicht die einzige Frau, die sich beeinflussen läßt. Eine Freundin hat sich durch dicke Alben mit Flugzeugbildern hindurchgekämpft, hat gejoggt und Fotografieren gelernt. Zum Glück ging die Beziehung noch rechtzeitig zu Ende: als der Liebhaber den Hängeschränk zur Dunkelkammer umfunktionieren wollte. Fotografieren ist allerdings arg ansteckend. Ich kenne viele Fotografen, deren Frauen auch knipsen. Mit dem Schreiben ist es genauso. Kürzlich habe ich gelesen, daß Prinzessin Irene, die einen Journalisten liebt, ein Buch geschrieben hat. Umgekehrt klappt das nicht. Er ist noch immer kein Prinz.

Frauen übernehmen mehr von einem Mann als umgekehrt, und das ist sehr leicht zu verstehen. Männer haben schönere Beschäftigungen. Sie gehen tiefseetauchen, sie trinken, sie kaufen sich teures Spielzeug mit Knöpfen. Frauen machen einen Anfängerkursus in Russisch. Das ist schon ein bißchen traurig, denn in einem Frauenleben gibt es manches Schöne, das ein Mann sehr wohl übernehmen könnte. Wie schön wäre es doch, wenn er sagte: »Gehst du das Badezimmer putzen, Schatz? Wie schön, dann übernehm ich mal eben die Fenster.« Aber so sind sie eben nicht veranlagt. Was Frauen tun, gefällt Männern nicht, und sie halten es auch für haarscharf unter ihrer Würde. Sie sehen lieber aus wie ihr Dackel.

Telefonwichser

Ich habe wieder einen Telefonwichser, meinen dritten in fünf Jahren. Er ist kein leidenschaftlicher Stöhner, dieser neue, er hört sich ziemlich erschöpft an, so als ob ihn seine unsittlichen Vorschläge selbst nur mäßig erregten.

»Süße, möchtest du schön ficken?« fragt er, wenn ich den Hörer abnehme.

»Woher hast du meine Telefonnummer?« rief ich beim ersten Mal empört. Ich habe schon seit Jahren eine Geheimnummer, das liegt am *Playboy*. Als ich im *Playboy* zu schreiben anfing, bekam ich bisweilen Anrufe. »Hier ist Theo«, stöhnte ein Leser. »Stimmt das alles, was Sie schreiben? Vom Ficken, tun Sie das wirklich?« Theo rief noch ein paarmal an, und damit war die Sache zum Glück erledigt. Der zweite Telefonwichser meldete sich kurz darauf, ein Student, der mich einmal die Woche zu einem fiesen Fest einlud. Ich tauchte telefonisch unter.

Der neue Telefonwichser muß auf gut Glück eine Nummer gewählt haben, dann hat er meine aber notiert, denn am nächsten Tag hatte ich ihn wieder an der Strippe.

»Süße, fickst du gut?« fragte er. Ich war nicht so rasch bei der Sache. Ich saß an einem Brief ans Finanzamt und bin sowieso nicht besonders schlagfertig.

Auf der Straße werde ich auch manchmal angesprochen. Wenn das laut passieren würde, dann könnten wir mit einem Gesicht aus armiertem Beton weitergehen, aber das passiert leider nie. Die Mitteilung wird gemurmelt.

»Pardon?« frage ich dann höflich, es kann ja schließlich ein Fremder sein, der sich verirrt hat, und dem muß natürlich geholfen werden.

»Bist du geil, Süße?«

Weil alle Wichser und Spanner ungefähr denselben Spruch bringen, hatte ich mir eine Antwort ausgedacht, eine lange Liste von Schimpfwörtern. Sie reichten von Beleidigungen über seine Herkunft bis zu schweren Krankheiten, die ich dem Mann wünschte, und zum guten Schluß hatte ich noch: »Du hast ja sowieso nur einen ganz kleinen!« Es war keine unschlagbare Waffe.

So ein Spruch muß voller Schwung vorgebracht werden, und das kann ich nicht. Ich brauche immer viel zu lange, um meine Verblüffung zu überwinden und um böse zu werden und mein Spruch war auch zu lang.

Früher hatte ich nie Telefonwichser, nur Exhibitionisten. Die saßen vor allem in den Bäumen am Scheveningse Weg. Ich habe lange in Scheveningen gewohnt, und wenn ich dann nach Den Haag ging, kam es oft vor, daß einer hervorsprang. Beim erstenmal habe ich mich erschrocken und schnell in die andere Richtung geschaut, später habe ich mich an das Phänomen gewöhnt und den Mann angefeuert. Einmal habe ich sogar applaudiert. Das kam daher, daß die Vorstellung gerade ablief, als ich vorbeikam. Damals wurden Exhibitionisten nicht ernst genommen, während jetzt befürchtet wird, daß Vergewaltiger sich zuerst ein Weilchen als Exhibitionisten einüben. Das hat mir ein Justizbeamter erzählt, der in einem Therapiezentrum gearbeitet hat.

Mir kommt das unwahrscheinlich vor.

Telefonwichser halten sich treu an einen Spruch, und Exhibitionisten wissen auch nicht mehr über Variation. Alle Frauen, die ich nach ihren Begegnungen mit entblößten Unbekannten gefragt habe, haben dasselbe erzählt. Grob lassen ihre Erlebnisse sich in zwei Kategorien einteilen: die aktive und die passive Form. Es gibt Exhibitionisten, die eifrig onanierend am Weg stehen oder sich am Fenster in ihrer Wohnung einen runterholen und dabei auf Entdeckung warten. Ich habe selber einen in einer Telefonzelle getroffen, völlig vertieft in seine Arbeit, in der Hoffnung, daß eine Dame vorbeikäme und einen Mordsschrecken erlitte ob seiner Reibereien. Die andere Sorte ist der klassische Bleistiftverkäufer. Er öffnet seinen Mantel, um sein Geschlechtsteil zu zeigen. Sonst macht er nichts.

»Ich weiß nicht einmal sicher, ob ich ihn wirklich gesehen habe oder ob ich mir das einbilde«, sagte eine Frau. »Es ging so schnell! Ich saß in der Straßenbahn, und neben mir stand ein Mann, ein Mann im Regenmantel. Er steckte die Hand in die Manteltasche, und durch eine Handbewegung öffnete sich der Mantel. Ei der Daus, ein Schwanz, dachte ich noch, aber ich weiß es immer noch nicht sicher.«

»Das wird schon stimmen«, sagte eine andere Frau. »Ich habe schon zweimal einen in den öffentlichen Verkehrsmitteln gesehen. Unter dem Mantel hatten sie die Hose offenstehen und die Hoden hingen heraus.«

»Was hast du gesagt?« fragte ich.

»Zum guten Ausgang der Angelegenheit gratuliert«, lachte sie. »Nein, echt, so geistesgegenwärtig war ich nicht. Ich habe nichts gesagt.«

Niemand redet mit einem Exhibitionisten, genauso wenig wie mit einem Telefonwichser. Eine Gesellschaft für Sexualaufklärung hat einmal den Versuch gemacht, die Telefonwichser auf gesunde Wege zu führen. Extra für sie wurde ein Telefondienst eingerichtet. Männer, die davon Gebrauch machen wollten, konnten eine Nummer wählen und wurden mit einer Sozialarbeiterin verbunden, die positive Antworten gab. »Ja, sicher«, sagte sie. »Total geil. Du doch sicher auch. Und natürlich willst du ficken, das ist doch nur menschlich!«

Auf diese Weise sollte der Telefonwichser behutsam resozialisiert werden. Irgendwann schlug die Sozialarbeiterin ihm dann vor, doch einmal probeweise mit einer gleichgesinnten Partnerin zu stöhnen und am Ende durch ein gutes Gespräch zu einer sinnvollen Beziehung zu gelangen. Der Plan schlug fehl, der Telefonanschluß wurde aufgegeben.

Heute gibt es dagegen das Sex-Telefon. Frauen mit schwülen Stimmen und festem Gehalt antworten den anrufenden Kunden, sie stöhnen sogar ein bißchen mit.

Für Exhibitionisten haben wir noch keine Lösung gefunden, und auch nicht für fiese Männer auf der Straße. Die müssen weiterhin unbesoldet zur Rede gestellt werden, aber das macht mir seit kurzem nichts mehr aus. Von einem Freund, der Werbetexte schreibt, habe ich einen neuen Spruch gelernt. Er ist kurz, deutlich und von durchschlagender Wirkung. Wenn mir jemand mit einem unwillkommenen Vorschlag kommt, dann sage ich: »Nein, guter Mann, wenn ich nasche, dann lieber etwas Süßes!«

Kahl

Als mich ein verflossener Verlobter wegen einer anderen Frau verließ, war ich schwer beleidigt. Ich verfluchte ihn, und zwar mit dreifachem Fluch, auf daß er dick und kahl werden und auf Reisen all sein Gepäck verlieren sollte. Ich fand es wunderbar, mich als Hexe zu versuchen, wenn sich auch kaum etwas von meinen Verwünschungen erfüllte.

Dick und kahl, das finden die Menschen am schlimmsten. Frauen brauchen sich normalerweise wegen Haarausfall keine besonderen Sorgen zu machen, werden aber durch die schlanke Linie nur um so mehr terrorisiert. Fast alle Frauen, die ich kenne, halten Diät. Jahre ihres Lebens vergällen sie sich durch den Versuch, in zwei Wochen fünf Kilo abzunehmen. In den Frauenzeitschriften steht jede Woche die neue Frühlingsdiät, die schnelle Bikinidiät, die Fünf-Minuten-Gymnastikanweisung für die Beine, den Bauch und die Hüften. Niemand nimmt davon auch nur ein Gramm ab, alle wissen, daß diese Diäten Betrug sind, aber eine Frauenzeitschrift ist ohne Anweisungen für die schlanke Linie nicht komplett. Ich halte nicht Diät, aber ich bin verrückt nach diesen Artikeln. Sie sind so optimistisch. In der Einleitung wird erklärt, warum die letzte Diät kein Erfolg war, und die Leserin wird dazu ermutigt, es doch einmal mit dieser Methode zu probieren, die dem individuellen Speiseverhalten perfekt angepaßt ist.

»Sie dürfen ruhig ein Törtchen essen«, sagt die Frauenzeitschrift. »Dann notieren Sie drei Punkte in dem speziellen Tagesplan in der Mitte des Heftes. Bedenken Sie jedoch, daß eine Apfeltasche weitaus weniger Joule enthält als ein Mohrenkopf!«

Fett sein ist schrecklich, aber es wird schön darüber geschrieben.

Über Kahlheit dagegen schreibt niemand. Gegen Kahlheit sind genauso viele Neppmittel im Handel wie gegen Kilos, aber diese Goldmine wird insgeheim ausgebeutet. Es ist eine Millionenindustrie. Es gibt Haarwässer und Tinkturen, Shampoos und Massagegeräte, von denen sich der Benutzer erhofft, daß sie seine unwillige Kopfhaut zum Haarwuchs anspornen. Vor einiger Zeit wurde ein neues Mittel in den Handel gebracht, eine Medizin gegen zu hohen Blutdruck, mit der Nebenwirkung, daß man davon Haare bekam. Diese Medizin verkaufte sich wie warme Semmeln! Man bekommt zwar nur wenige Haare davon, und nicht alle reagieren überhaupt auf diese Medizin, aber jede Kleinigkeit hilft, und ein kahler Mann, der von Haaren träumt, ist schnell zufrieden. Er läßt die Haare über seinen Ohren zu langen Strähnen wachsen und kämmt sie dann quer über seinen Schädel. Das sieht doch immerhin noch nach etwas aus, denkt er.

Andere Männer gehen weiter. Sie kaufen ein Toupet oder bestellen sich bei einem Haarinstitut eine Haarprothese. Es bestehen ganze Räuberbanden von Aufklärern, die sich am Elend der kahlen Männer bereichern. Ich habe einmal einen Mann gesehen, der eine ganz wunderliche Rasenfläche auf dem Kopf trug. Er war kahl, das war deutlich zu sehen, aber überall auf seinem Schädel waren kleine Haarbüschel angepflanzt, triste Wedel, die sich vermehren sollten, wirklich wahr, das hatte der Arzt schließlich gesagt.

Und das war noch eine milde Behandlung. Ein kahler

Freund hat mir von besonderen Toupets aus Kunsthaaren erzählt, die mit den Überresten der ursprünglichen Haare verwoben und mit Klämmerchen befestigt werden. Sie verursachen üble Entzündungen, weil die Klämmerchen die Haut reizen, und unter so einem Kunsthäutchen herrscht eine Bullenhitze. Aber das Resultat ist wunderbar: Man kann damit schwimmen, es ist reißfest und farbecht. Und dann gibt es noch die Methode, durch die die Haare (4 Gulden pro Haar) in die Kopfhaut geschossen werden, wobei eine dicke Schicht Narbengewebe entsteht, in dem die Haare mit Laschen befestigt sind. Das verheißt jedenfalls der Prospekt. Die Haare bleiben natürlich nicht sitzen, das Narbengewebe dagegen wird man bis an sein Lebensende nicht mehr los, das ist solide.

Vor ein paar Jahren begegnete mir an einem warmen Sommerabend ein Mann mit einer Mütze. Wir kamen ins Gespräch, und während unserer Unterhaltung troff ihm der Schweiß aus der Mütze. »Vielleicht wäre es ohne Mütze etwas kühler«, schlug ich vor, aber der Mann schüttelte trostlos den Kopf. »Ich hatte einen Unfall«, sagte er, »und die Narben sind entsetzlich.« Er hob die Mütze ein wenig an, und ich erblaßte beim Anblick der Verheerungen auf seinem Kopf.

»Ein Lastwagen?« fragte ich.

»Nein«, antwortete er. »Ein Schönheitschirurg.«

Er war langsam kahl geworden, und der Arzt hatte ihm die ideale Lösung vorgeschlagen. Unter Narkose werden Säckchen mit Silikon unter der Kopfhaut angebracht, um die Haut zu dehnen. Nach einiger Zeit, wenn die Haut sich schön gedehnt hat, werden sie erweitert. Die kahlen Teile der Kopfhaut werden weggeschnitten und die ausgedehnten behaarten Flächen werden aneinander festgenäht.

Wer hätte gedacht, daß Männer so unter ihren Hormonen leiden könnten? Zum Glück sind sie nicht alle so. Dirk zum Beispiel wollte ganz gern ein bißchen kahl werden, um dann wie ein Gangster aus einem Film auszusehen, wie der Kneipier mit der bildschönen Tochter, in die sich der Held der Geschichte verliebt. Der Kneipier trägt eine Krawatte mit Palmen und zweifarbige Schuhe. Er ist kahl und ein bißchen korpulent, und am Ende des Films entpuppt er sich als Gangster mit goldenem Herzen. Dirk hat das geschafft.

Und dann gibt es noch den Mann, der jahrelang ein Toupet getragen hatte. Eines Tages beschloß er, seine Hemmungen zu überwinden. Wenn er vor der Ampel oder im Stau stand, dann jagte er den anderen Leuten einen Schrecken ein, indem er plötzlich das Toupet vom Kopf nahm und es ein paarmal in die Luft warf. Nachdem er das einmal gewagt hatte, ging er fortan barhäuptig auf die Straße.

»Siehst du wohl, das war absolut das richtige«, erzählte er fröhlich. »Über das Toupet haben sie sich viel mehr erschrocken.«

Das erste Mal

An meiner Unterschrift hängt ein Strich mit Bedeutung. Der Strich soll heißen fJ, für Jaime, und er ist eine Widmung. Ich habe diese Idee einem Jungen aus einer höheren Klasse abgeguckt, der fE hinter seinen Namen schrieb, für Ellen. Ich war auch verliebt, aber mein Angebeteter mochte mich nicht. Ich fand es nicht angebracht, eine unglückliche Liebe in meiner Unterschrift zu verankern, deswegen habe ich meinen Namen dem ersten Mann gewidmet, mit dem ich im Bett war. Er hieß Jaime.

Jungfräulichkeit hat nie einen großen Eindruck auf mich gemacht, es kam mir so vor wie zu jung für den Führerschein zu sein, aber ich hatte mir doch vorgenommen, meinen Abschied von der Jungfräulichkeit nett zu gestalten.

Das erste Mal muß schön sein, hatte meine Mutter gesagt, »das vergißt du schließlich nie«. Ich meinerseits habe mir jedes erste Mal gemerkt, den ersten Kuß, den ersten Orgasmus, das erste Mal, daß ich eine Erektion gesehen habe. »Schau mal!« sagte ihr Besitzer, und ich schaute. Es war ein bleicher Penis, an dem ein Tropfen hing. Was ich nun zu tun hatte, wußte ich nicht so recht. In den Aufklärungsbüchern waren verschiedene Vorspieltechniken für den Mann beschrieben, aber ich kannte keinen Eröffnungszug. Der Junge nahm meine Hand und erklärte mir die Prozedur. Mein Wappenarmband fiel dabei klirrend zu Boden.

Ich habe meine Jungfräulichkeit in der Schweiz abgelegt, in den Sommerferien am Lago Maggiore. Auf dem Zeltplatz hatte ich einen Freund, mit dem ich abends auch schon mal herumgeknutscht habe. Tagsüber langweilte er mich, und ich war lieber in der Snackbar von Jaime, einem älteren Mann von 24, der mich Aquavit kosten ließ und mit spanischem Akzent Französisch sprach.

»Ist das kein vollkommener Moment für uns beide?« seufzte mein Abendverlobter in seinem Einpersonenzelt, während er mich an sich drückte. »Du bist sechzehn, ich achtzehn, wir sind füreinander geschaffen.«

Nein, dachte ich und machte, daß ich wegkam. An diesem Abend ging ich zu Jaime. Er hatte auf mich gewartet, schloß seine Snackbar ab und sagte: »Wir tun's im Stehen, dann tut es dir nicht weh.« Es tat auch nicht weh.

»Bist du mit diesem Mann im Bett gewesen?« fragte meine Mutter später. Ich nickte, und sie nickte zurück. Das war alles.

»Was hast du für eine herrliche Jugend gehabt!« sagte eine Freundin. »Bei uns auf dem Dorf war das ganz anders. Auch, wenn du keine strengen Eltern hattest, mußtest du dich an die Regeln der Schicklichkeit halten, sonst warst du eine Nutte und bekamst später nie einen Mann. Die Jungen versuchten, dich zu überreden, und die Mädchen mußten ihnen dann eins auf die Finger geben. Wenn wir das nicht taten, weil es uns Spaß machte, dann hörten sie auf. Dann warst du ein schlechtes Mädchen, du hattest dich ja nicht gewehrt.«

Erwachsene bewachen ihre Kinder, damit sie nicht aus dem Paradies entkommen können. Laufen, essen, radfahren, alles wollen sie den Kindern beibringen, sogar, woher die Babys kommen, aber eine ruhige Umgebung, in der die jungen Leute üben können, wollen sie nicht zulassen. »Ich werde es nie vergessen«, erzählte Judith. »Das erste Mal. Die Eltern meines Freundes waren für einen Tag weggefahren, und wir lagen auf ihrem großen Doppelbett und knutschten. Eins kam zum anderen, und plötzlich war da ein großer Blutfleck. Wir erschraken zu Tode, und danach haben wir dieses riesige Zweipersonenlaken im Waschbecken gewaschen. Sie sahen ihr Laken am Trockengestell hängen, und sie wußten natürlich genau, was passiert war. Wir durften uns nicht mehr treffen, aber das machte nichts, wir waren sowieso nicht richtig verliebt. Wir hatten nur beide die Jungfräulichkeit loswerden wollen. Wir waren doch schon siebzehn.«

Also höchste Zeit. Wer mit zwanzig noch mit niemandem im Bett gewesen ist, entwickelt viel zu hohe Erwartungen. Einen schönen Orgasmus, zum Beispiel, und der ist nicht allen beschieden, nicht einmal allen Männern.

»Ich hatte schon eine ganze Weile onaniert, als ich zum erstenmal mit einer Frau ins Bett gegangen bin«, erzählte ein Mann. »Mir war immer erzählt worden, Vögeln wäre das allerschönste auf der Welt, aber ich fand es langweilig. Es war ein normaler Orgasmus. Ich konnte wirklich nicht begreifen, warum davon soviel Aufhebens gemacht wurde.«

Ich dachte an Thea. Vor langer Zeit habe ich bei ihr gewohnt, weil ich keine Wohnung finden konnte. Eines Abends gingen wir in die Kneipe, suchten einen Liebhaber aus und bereiteten ihm gemeinsam eine unvergeßliche Nacht. Als er gegangen war, fragte ich: »War das schön?«

»Ach, es geht«, sagte Thea. Sie setzte Tee auf und setzte sich auf die Bettkante. »Hattest du denn einen Orgasmus?«

»Aber nein«, sagte ich, »woher denn?«

»Ich glaube, ich kriege nie einen Orgasmus«, sagte sie. »Das muß etwas ganz Besonderes sein. Kannst du das beschreiben?« Ich erzählte von ansteigenden Wellen, sich bündelnden Kräften, sausenden Ohren und einer sich zusammenziehenden Vagina.

»Ach, das!« sagte Thea. Sie hatte sich viel mehr davon versprochen. Das liegt daran, daß sie zu lange Jungfrau war, ich glaube, noch mit 23. Das ist nicht gut für den Realitätssinn, und ein schöner Anblick ist es auch nicht. Etwas zu alte Jungfrauen glühen so erwartungsvoll.

Als ich noch meine Problemspalte in der Beziehungszeitschrift hatte, hatte ich ein paar feste Briefschreiber, u. a. einen Jungmann von 23, der vergeblich seiner Erlösung harrte. Die Jahre gingen vorbei, aber er blieb Jungfrau. Er ging mir maßlos auf die Nerven, nicht, weil er nicht nett gewesen wäre, sondern nur wegen seiner Jungfräulichkeit. Er war wie ein Bild, das ein bißchen schief hängt, und es juckte mir in den Fingern, ihn geradezurücken. Gut, daß ich es nicht getan habe. Ich mag keine Jungfrauen, ich hätte ihm das Erlebnis bestimmt verdorben. Und das erste Mal muß doch schön sein.

Pfiffe

Eines Tages wurde mir nicht mehr hinterhergepfiffen. Die Straßenarbeiter, an denen ich unterwegs vorbeikam, arbeiteten ruhig weiter, die Fensterputzer putzten ihre Fenster, und sogar die Bauleute verzehrten in der Pause unbeirrt ihre Butterbrote, wenn sie auch nachdenklich dreinblickten: Müßten wir nicht eigentlich pfeifen? Aber nein, diese Zeit schien vorbei zu sein.

Ich weiß noch gut, wie es anfing. Ich war fünfzehn und ging mit meiner Schwester über die Promenade in Scheveningen. Meine Schwester zischte: »Da, Jungs!« Und tatsächlich, auf der Mauer um den Parkplatz saß ein Rudel Knaben. Sie grinsten und pfiffen. Meine Schwester kniff meinen Arm blau, und ich stolperte. Aller Anfang ist schwer.

Im nächsten Jahr wandelten wir schon im Februar über die Promenade. Es war ein schöner Frühlingstag, und man weiß ja nie. Kein Mensch war zu sehen, wir waren die einzigen Flanierenden, und wir liefen umsonst durch die Gegend. Protzen braucht Publikum.

Manche Frauen finden es entsetzlich, wenn ihnen hinterhergepfiffen wird. Sie fühlen sich zum Lustobjekt reduziert, sie halten es für eine Äußerung der Verachtung, und das ist es natürlich auch, aber ich finde, wir dürfen einen Mann nicht so ernst nehmen. Es ist mir egal, wie er sich benimmt, so lange er die Hände bei sich behält und mich nicht beim Zeitunglesen stört. Zwanzig Jahre lang wurde gepfiffen, dann war Schluß. Wenn mir heute noch hinterhergepfiffen wird, bedanke ich mich persönlich beim betreffenden Straßenarbeiter, Fensterputzer oder Maurer.

In diesem Jahr war ich auf Weltreise. Ich reiste im Auftrag einer Zigarettenfirma, und ich mußte innerhalb von dreißig Tagen die ganze Welt umrunden. Ich hatte es deshalb eilig und hatte überhaupt keine Zeit für Männer. Es gab sie allerdings, und ab und zu machten sie sich bemerkbar. Nicht in westlich orientierten Ländern, da war ich genauso unauffällig wie zu Hause, aber in China hatte ich keine schlechten Chancen.

Ich traf einen Jungen von vielleicht zwanzig, und er saß auf einem Fahrrad. Das tun sehr viele Chinesen, aber er machte etwas daraus. Schwungvoll kreiste er auf der Straße und gab mir zu erkennen, daß er Kontakt suchte. Das wollte ich zwar nicht, aber ich wollte gern ein bißchen auf seinem Gepäckträger mitfahren. Chinesen tun mir doch nichts, dachte ich, dazu sind sie viel zu gehemmt, und die Gesetze über Keuschheit sind streng.

Ich sprang auf, und der Junge fuhr los. Er hatte allerlei vor, das war klar, aber ich beschloß, erst einmal abzuwarten. Viel konnte er mitten in Peking schließlich nicht anstellen. Aber da wurde ich plötzlich in die linke Brust gekniffen. Überrascht blickte ich den schlanken Rücken des tüchtig strampelnden Jungen an. Der saß brav und gerade auf seinem Rad. Ich brauchte einige Sekunden, um zu begreifen, daß er, ganz durchtrieben, mit einer Rückwärtsbewegung seiner Hand in meine Brust kneifen konnte. Und er machte es noch einmal!

»He, he!« rief ich. »So haben wir nicht gewettet!« und sprang vom Gepäckträger. Schuldbewußt sah sich der chinesische Fahrradkünstler noch einmal um und verschwand dann in der Menge.

Auch in Japan machte ich Furore. Japanerinnen sind ziemlich platt, und ein Brustumfang in Playboymaßen ist etwas Besonderes. Die Höflichkeit gebietet dem Japaner, sich sein Interesse nicht anmerken zu lassen, aber wenn er betrunken ist, braucht er sich nicht an die Regeln zu halten.

Ich saß an einer Sushi-Bar in Kyoto, und der Herr mittleren Alters neben mir war betrunken. Jedesmal, wenn sein Blick auf meinen Busen fiel, ließ er sich laut lachend gegen meine Schulter fallen. Das waren vielleicht Titten! Ich nickte freundlich und beschloß, die Gelegenheit auszunutzen. Der Mann war Schneider, er nähte Kimonos. Die wollte ich gern sehen. In meinem Handbuch über Japan stand, daß der Japaner niemals jemanden zu sich nach Hause einlädt, aber betrunken zählt nicht, deshalb ließ ich ihn noch einmal lachen und wandelte dann mit ihm nach Hause. Die Kimonos waren wunderschön.

Die Reise ging weiter, die Pfiffe steigerten sich. In Brunei war es genau wie früher, unterwegs riefen die Männer hinter mir her, die Autofahrer pfiffen im Vorübergehen oder hupten. Die meisten Frauen in Brunei gehen verschleiert, und beim Anblick einer Ausländerin im T-Shirt pfeifen die Männer spontan los, selbst wenn sie über dreißig ist. Es gibt Frauen, denen es darauf ankommt. Sie brauchen nicht einmal weit zu reisen. In europäischen Ländern, wo die Frauen keusch und zu Hause gehalten werden, gibt es Beschäftigung genug für die vergnügungssüchtige Ausländerin.

Ich kenne eine Frau von 45, die jedes Jahr nach Griechenland fährt. Sie sieht gut aus, das finden auch ihre Bekannten in den Niederlanden, aber sie zeigt sich gern. Das geht nicht im Regenmantel. Deshalb fährt sie jedes Jahr nach Kos oder Rhodos oder auf eine andere griechische

Insel und fühlt sich vier Wochen lang als strahlender Mittelpunkt. Im Dezember kommt sie zurück und sitzt friedlich mit ihrem Mann und ihren Teenagerkindern unter dem Weihnachtsbaum.

»Geht dir das nicht auf die Nerven?« fragte ich ihren Mann. »Ach, nein«, sagte er gutmütig. »Ich weiß doch, wie sie ist, sie ist genau wie ich. Wenn ich auf dem Bau eine Kleine vorbeigehen sehe, dann pfeife ich auch.«

»Du pfeifst noch?« fragte ich erschrocken.

»Was glaubst du denn?« erwiderte er. »Wenn ich einfach weiterarbeite, dann denken die Kollegen doch alle, ich wäre schon ein alter Trottel.«

Xanthippen

Wenn es nach meiner Freundin Liuda ginge, dann hätte alle Welt feste Beziehungen. Sie kann Singles nicht leiden, vor allem keine freilaufenden Männer. »Was soll denn das!« ruft sie, wenn sie so einen sieht. »Was bildest du dir denn ein?« Und in Gedanken geht sie bereits fieberhaft die verfügbaren Frauen in unserer Bekanntschaft durch, ob eine zu ihm paßt. Nicht Hetty, die ist zu dick und nicht energisch genug. Dieser Mann braucht eine feste Hand, weiß Linda, fest, aber behutsam. Jolanda vielleicht? Die käme in Frage, obwohl sie sich gerade erst von ihrem letzten Mann getrennt hat. Wenn Linda ihre Wahl getroffen hat, lädt sie zum Essen ein. Dazu erscheinen dann zwei Ehepaare, ein homosexueller Freund, eine verstockte Junggesellin, der freilaufende Mann und die Frau, mit der es klappen soll. Sie gehen zu Tisch.

Das Wunderliche ist, daß Linda oft Erfolg hat. Manch ein Paar hat ihr sein Glück zu verdanken. Aber bei einigen Menschen klappt es einfach nicht. Hetty, die zu dick und nicht energisch genug ist, wartet nun schon seit Jahren auf einen Liebhaber, und bei ihrer Schwester weiß Linda sich auch keinen Rat.

Vor einiger Zeit sprach ich mit Bart. Er ist fesch, reich und aus guter Familie. Bis vor kurzem hatte er eine Freundin, ein Biest von einer Frau, die ihm pausenlos Aufträge erteilte, die alle mit »warum« anfingen. »Warum lädst du deine Mutter nicht zum Mittagessen ein?« – »Warum gehst du heute nicht einkaufen?« –

»Warum kochst du keinen Kaffee?« Ich gratulierte Bart zu seiner Befreiung, er aber machte ein langes Gesicht. Er kann ohne Frau nicht leben. »Warum rufst du nicht einfach Linda an«, fragte ich. »Die kennt doch haufenweise nette Frauen mit Vakanz.« – »Ich will keine nette Frau«, sagte Bart. »Ich will eine Xanthippe.«

Ob das wohl bei noch mehr Männern der Fall ist? Ich kenne etliche sanftmütige Männer, die ihr Leben mit einem Krokodil teilen. In Kneipen sind sie oft zu sehen. Gegen sechs Uhr werden sie unruhig. Sie müßten schon zu Hause sein, das Essen steht auf dem Tisch, aber sie würden so gern noch ein Bierchen trinken.

»Du darfst sicher kein Bier mehr trinken«, stichelt ein Kollege. »Du mußt sicher nach Hause.« – »Nichts da«, sagt der andere tapfer. »Ich gehe, wann ich will.« Aber nach einer Viertelstunde schlüpft er doch eilig in seine Jacke. Andere Männer dieser Art schauen mit geübtem Blick auf die Uhr. »Nur mal kurz den Feldwebel anrufen«, brummen sie. Ich hatte früher immer Mitleid mit ihnen. Ich dachte, sie wären durch ein Unglück in diese Lage gekommen, das reizende Mädchen von früher hätte sich als bösartiger Drache entpuppt.

Bart nickte. »Anfangs ist es auch reizvoll. Ich bin immer ganz gerührt, wenn eine Frau um sich beißt. Ich finde es so anziehend!« Ich habe ihn einmal besucht, als er noch die vorige Freundin hatte. So anziehend fand ich sie nicht. Wenn sie aus dem Kühlschrank Bier holte, dann vergaß sie, auch für ihn eins mitzubringen. Ohne zu klagen, zokkelte er dann in die Küche, um sich selber zu bedienen. Das geschah dreimal an diesem Abend. Das Schlimmste jedoch waren die Standpauken. »He, du hast ja den Ofen nicht angemacht! Du bist ja vielleicht blöd! Muß ich dir denn alles vorkauen?«

Nicht alle Männer sind so fügsam wie Bart. Ich kenne einen, der sich wehrt, aber seit Bart mir erzählt hat, daß er ohne Terror keine Ordnung in sein Leben bekommt, sehe ich den anderen Mann mit Argwohn an. Seine Frau ist immer böse auf ihn, böse, weil er durch seinen Beruf viel reisen muß, und böse, wenn er zu Hause ist. Sie verlangt Blumen und Komplimente von ihm, aber wenn er ihr etwas Nettes sagt, dann faucht sie: »Lügner!«, und den Nelkenstrauß kommentierte sie mit »Die waren sicher im Sonderangebot!« Das stimmte sogar, wie ich später gehört habe. Er ist nun einmal eine sparsame Natur. »Hast du deine Frau auch im Ausverkauf gefunden?« fragte ich vorsichtig. Aber das war nicht so. Er hatte sie als Allerliebste unter drei Freundinnen ausgewählt, die alle ein Auge auf ihn hatten. Eine davon hatte er Jahre später noch einmal getroffen, in Meppel. Er hatte mit ihr Kaffee getrunken, und sie hatten sich geküßt. Als er nach Hause zurückkam, wußte seine Frau schon alles. Bis heute hat er nicht herausfinden können, wieso, aber sie wußte es. Erst täuschte sie eine freundliche, sogar amüsierte Reaktion vor, aber es war eine Dreistufenrakete, und mit Stufe 3 hat er immer noch zu kämpfen. Beim kleinsten Fehler schimpft sie auch schon los.

»Verlaß sie doch«, riet ich, aber er traute sich nicht. Er hoffte eine Zeitlang, sie würde ein Verhältnis mit einem Nachbarn anfangen, der sie sehr interessierte. Dann hätte er sich stillschweigend verziehen können. Eines Tages war es fast so weit. Sie kam über Nacht nicht nach Hause und erzählte am Morgen, daß sie beim Nachbarn übernachtet hatte. »Das gibt's nicht, meine Liebe«, sagte ihr Mann. Das war nicht die richtige Antwort. Wütend war sie! Er hätte doch wenigstens Eifersucht zeigen können. Seitdem spricht sie nicht mehr mit dem Nachbarn.

Es gibt auch tyrannische Frauen in samtener Verpak-
kung. Ein Kollege von mir hat so eine. Neulich habe ich
ihn mit seiner Frau in einer Kneipe gesehen. Sie reckte
sich, gähnte und sagte: »Ich geh schon mal. Du brauchst
wirklich nicht mitzukommen.« Aber er zog sich schon
seine Jacke an. Mit stolzem Schritt marschierte sie aus der
Kneipe. Er lief hinterher. Der Wagen hinter dem Pferd.

Französisch

Meinen ersten Kuß bekam ich von Eddy Becker, dem aus dem Fernsehen. Er ging auf meine Schule, und ich fand ihn scharf. Ich glaube nicht, daß ich ihm begehrenswert vorkam, ich war zu jung und schrecklich nervös, weil ich Küssen nur aus der Theorie kannte. Meine Eltern waren Mitglieder in einer Gesellschaft für Aufklärung, und in unserem Bücherregal stand ein dicker, aus dem Schwedischen übersetzter Liebesroman, durch den wir viel lernen konnten. Das Buch stand zu pädagogischen Zwecken da. Dort wurde genau beschrieben, wie ein siebzehnjähriger Jüngling mit zitternden Händen den bis dato unberührten Körper seiner Freundin erforscht.

Küssen kam auch vor: »Er preßte seine Lippen auf ihren halb geöffneten Mund und ließ seine Zunge zwischen ihre Lippen gleiten. Sie schlang die Arme um seinen Hals und stöhnte, während sich ihre Zunge mit trägen Bewegungen um seine wand. Lars keuchte und rieb seinen glühenden Unterleib an ihrem Schoß.«

So gehörte sich das.

Zungenküsse hießen Französische Küsse, denn die Franzosen waren berühmt für ihre Erotik. Eigentlich habe ich das nie begriffen. Franzosen sind wirklich keine umwerfenden Liebhaber, da kenne ich mich aus, französische Liebhaber waren schließlich meine Spezialität. Während meiner ganzen Realschulzeit habe ich in Frankreich gezeltet, weil mein Vater hoffte, daß uns das gute Französischnoten eintragen würde. Sie quatschen ein bißchen mit anderem jungen Volk, und dabei schnappen sie die Sprache dann wie im Spiel auf, glaubte er. Aber es kam anders. Meine Schwester und ich gingen zwar regelmäßig auf die französischen Jungen zu, aber geredet wurde nicht viel. Wir küßten.

Französisch küssen, das ließ sich doch in seinem Ursprungsland am besten durchführen, fanden wir. Wir hatten einen gitarrespielenden Bruder, der auf dem Zeltplatz spielen mußte, und gleich versammelten sich die Altersgenossen. Als Schwestern des Gitarristen waren wir etwas Besonderes und konnten uns aussuchen, wen wir wollten. Wenn wir uns an einem Jungen sattgesehen hatten, suchten wir uns einen neuen zum Französisch-Küssen aus. Die Jungen boten noch andere Techniken an: Französisch-Knutschen, Soixante-Neuf und Französischen Coitus.

Soixante-Neuf hat mich nie so recht überzeugt, es ist mir zu reziprok. Ich kann mich mit vollem Mund nicht auf meine Gefühle konzentrieren. Ich kann nicht zwei Dinge auf einmal erledigen. Nur Küssen und Heiraten lassen sich gemeinsam erledigen, ohne daß die Ablenkung alles verdirbt.

Soixante-Neuf ist erfunden worden, um die Demokratie in einer Beziehung zu fördern: Wir bekommen genauso viel, wie wir geben. In den 60er Jahren gab es eine Fotogeschichte über Partnertausch. Auf dem ersten Foto sehen wir ein Ehepaar auf einem Sofa sitzen. Sie harren der Dinge, die da kommen sollen. Es klingelt. Ein zweites Ehepaar tritt ein. Sie trinken zu viert Kaffee, dann faßt der Mann des einen Paares die Frau des anderen an der Brust. Auf dem folgenden Foto macht der zweite Mann mit der Frau von Paar Nr. 1 dasselbe. Die Knutscherei geht in Stereo weiter und endet schließlich mit einem

Soixante-Neuf à Deux. So kann sich niemand beklagen, und beim Peniserfolg gibt es keine Ungleichheit.

Vor ein paar Jahren war ich in Amerika. Die Amerikaner gerieten völlig aus dem Häuschen, wenn sie hörten, daß ich aus Europa kam.

»Die Niederlande, liegen die nicht direkt neben Schweden?« fragten sie.

»Fast«, antwortete ich dann, denn sie meinten das nicht geographisch. Schweden ist das Land der freien Liebe, und für amerikanische Begriffe sind die Niederlande fast genauso. Von den strengen Sekten in Nunspeet oder Staphorst haben sie nie gehört, und die Amsterdamerinnen sehen im Sommer recht frivol aus. Schweden, Holland und das französische Oh la la, das ist Europa.

»Hattest du schon mal einen französischen Liebhaber?« fragte ein Amerikaner. Ich nickte.

»Die sind wohl etwas ganz Besonderes, was?« schmunzelte der Amerikaner.

»Och«, sagte ich und dachte an Jean-Claude, der mir zwei Wochen lang vorgequengelt hatte, was für phantastische Liebkosungen er mir zugedacht hatte, welch heiße Nächte er mit mir verbringen würde, wenn ich mich endlich aufraffen könnte, mit ihm ins Bett zu gehen. Es ging schief. Für Jean-Claude lag der Sport darin, eine Frau zu überreden, danach war er müde. Nach einem Viertelstündchen mit dürftigem Sex zog er sich auch schon wieder an.

»Französische Männer bringen dir nichts«, sagte eine Freundin, die viel reist. Sie erzählte von einem Franzosen, den sie in Japan kennengelernt hatte. Er machte eine Weltreise, die letzte große Reise seines Lebens. Er war 23 und wollte eine Frau aus seinem Geburtsdorf heiraten. Das war kein Zufall, er wollte keine Fremde. Das brachte doch nur Elend. Für die Ehe war jemand aus dem eigenen Milieu am besten, am liebsten jemand aus dem eigenen Dorf, wenn möglich, aus der eigenen Straße.

»So spießig sind sie, und sie wollen nur eins: Pünktlich essen«, sagte meine Freundin und erzählte eine Schauergeschichte über eine Niederländerin, die sich Hals über Kopf mit einem Franzosen verheiratet hat und die jetzt in einem Pariser Vorort von bitterer Reue verzehrt wird. Er arbeitet den ganzen Tag, und sie weiß nie, wie spät er nach Hause kommt, ob er dann schon gegessen hat und wieviele Gäste er zum Abendessen mitbringt. Sicherheitshalber bereitet sie jeden Tag ein Menü in vier Gängen für acht Personen vor. Offenbar leben alle Frauen in diesem Vorort so, und nicht eine einzige beklagt sich.

Das will ich gern glauben. Auf den französischen Zeltplätzen meiner Jugend standen die Frauen auch den ganzen Tag vor den echten Herden, die sie im Anhänger von zu Hause mitgebracht hatten. Denn so dürftig es um die französische Liebe auch bestellt sein mag, die französische Kochkunst besteht!

Schnell erledigt

Menschen sind nett, aber sie sind so zeitraubend. Vor allem in der Liebe ist das schlimm, ganze Stunden werden damit vergeudet. Als ich Junggesellin war, machte ich alles mögliche. Ich ging ins Kino, ins Theater, ich las Bücher, ging in die Kneipe und machte Besuche. Seit ich jemanden liebe, habe ich dazu keine Zeit mehr. Alles dauert länger, wenn wir es zusammen tun: Essen, Sex, Schlafen.

Wenn ich allein schlafe, langweilt mich das Bett am Morgen. Draußen wird es hell, und vielleicht hat schon alles mögliche angefangen, was ich nicht verpassen darf. Wenn ein Geliebter im Bett liegt, stehe ich nicht auf. Und wenn wir dann endlich aus dem Bett kommen, dann wird Kaffee getrunken.

»Essen«, seufzte eine Freundin, die seit einem Jahr eine Beziehung hat. »Früher habe ich von einer alten Zeitung gegessen. Jetzt mache ich ein Festmahl. Er kocht ja auch, aber wenn er kocht, dann ist es erst recht ein abendfüllendes Programm. Er macht Lachsmousse und Ente à la mode, und das wirfst du ja nicht einfach mal kurz ein.«

»Ich koche jeden Tag für mich selber«, erklärte unsere gemeinsame Junggesellin-Freundin. »Fleisch, Gemüse und eine Vorspeise. Und ich decke den Tisch.« Sie fand unsere Klagen idiotisch, aber selbst ihre ausgedehnteste Einpersonenmahlzeit dauert nicht länger als anderthalb Stunden, inklusive Spülen, und dann kann sie in aller Ruhe ins Kino gehen und kommt immer noch rechtzeitig zur ersten Vorstellung. Das schaffe ich nie. Ich sitze um sieben Uhr noch beim Aperitif.

»Das liegt daran, daß du keine Kinder hast«, sagte Henk, der zweimal geschieden ist. »Beim Familienleben lernst du von selber, dich zu beeilen.« Darüber mußte ich wirklich lachen. Ich habe Henk aus nächster Nähe beobachtet, zwei Ehen lang, aber beeilt hat er sich nie. Ein Streit, der morgens beim Frühstück anfing, wurde abends wieder aufgetischt. Seine erste Frau hatte drei Schwestern, alle drei verheiratet, alle drei Mütter, und die Kinder hatten dauernd Geburtstag, dreizehnmal pro Jahr. Und weil sie das von Haus aus so gewohnt waren, feierten sie auch die Geburtstage seiner Familie, siebzehn an der Zahl, er kam nämlich aus einer katholischen Familie. Seine zweite Frau unterhielt keine warmen Beziehungen zu ihrer Familie, aber sie hatte einen Freundeskreis, lauter Ehepaare. Als sie allein lebte, schaute sie manchmal auf ein Stündchen irgendwo vorbei, aber als Henk in ihr Leben trat, gab es nur noch formelle Besuche. »Plof«, sagte Henk. »Und weg ist der Abend.«

Das »Plof« bezog sich auf die Sitzgarnitur, die Ehepaare haben, um darauf Schicksalsgenossen einzufangen. Einem Ehepaar können nur Junggesellen entkommen. »Ich muß weg«, sagt der Junggeselle und schaut auf die Uhr. Das kann ein Ehepaar gut verstehen. Früher mußten sie auch weg.

In der modernen Zeit müssen wir uns unser Leben sorgfältig einteilen. Dafür gibt es eigene Terminkalender, teure, die 600 Gulden kosten, und sie haben Extrablätter, auf denen die Hauptziele des täglichen Lebens notiert werden können. Um diese Ziele zu verwirklichen, sind Aktivitäten nötig, die der Besitzer eines solchen Terminkalenders entwickeln muß. Ein gutes Eheleben kann so ein Ziel sein. Zu einer glücklichen Ehe braucht man eine Ehefrau und einen Ort, an dem man sein Eheleben führen kann, zum Beispiel ein Haus. Es muß ein gutes Haus sein, und die Ehefrau zufrieden. Nun ist es an der Zeit, Aktivitäten zu entfalten. Man kann das Haus tapezieren, anstreichen und einrichten. Man kann das auch machen lassen. Die Ehefrau sollte man jedoch selber zufriedenstellen. Das kostet Zeit, Managerzeit, und damit darf man nicht herumkleckern. Auf besonderen Seiten kann der Besitzer des Terminkalenders notieren, was er an einem Tag unternehmen will, um seiner Frau eine Freude zu machen: Blumen schicken (drei Minuten), Spülen (eine halbe Stunde), gutes Gespräch (Dreiviertelstunde), Kompliment (zwei Minuten), zwei Orgasmen (Dreiviertelstunde), Intimität nachher (Viertelstunde). Zeitsparen läßt sich beim Spülen (Maschine kaufen) und beim Gespräch (nicht so oft widersprechen). Wenn der Manager eine Dame ist, dann kann sie auch im Bett Zeit sparen. Männer sind eher mit einem Quickie zufrieden, und im Falle entsetzlicher Zeitnot kann sie auch eine Hurenvorstellung geben: Wichsen oder Blasen. Das ist gemütlich, befriedigend, und sie kann dabei an etwas anderes denken.

Ich kenne einen Mann, der seine Zeit so ökonomisch einteilte, daß er seine Ehe schließlich wegbeschleunigt hatte. Das war eine Erleichterung für beide Parteien, erzählte er. Sie war ohne ihn besser dran, und er fühlte sich auch befreit, als ihm niemand mehr traurig zulächelte, wenn er leergequatscht, vollgefressen, betrunken und erschöpft vom Geschäftsessen zurückkehrte. »Sie konnte mich so hoffnungsvoll anschauen«, sagte er schaudernd. »Als ob sie eine Eintrittskarte gekauft hätte und die Vorstellung einfach nicht anfinge.«

Jetzt hat er Freundinnen, und er sieht sie so selten wie möglich. Jetzt, wo sein Liebesleben saniert ist, fängt er an, an seinem Freundeskreis zu sägen. Er ruft nicht mehr an, er schreibt lieber ein Briefchen. Wer anruft, muß etwas zu erzählen haben oder sich für ein ausführlich erzähltes Erlebnis interessieren, erklärt er. Ein Brief dagegen wird besonders geschätzt. Ich nickte verständnisvoll. Ich schreibe auch lieber ein Briefchen. Mein Leben droht immer wieder, zum Chaos zu werden, voller Verpflichtungen und Verabredungen. Ich gebe mir alle Mühe, Ordnung zu schaffen. Ich habe einen Terminkalender zu hfl 3,75, aber auch darin kann ich notieren, was ich tun und wen ich anrufen muß. Am Telefon geht es schief. Ich weiß nicht, wie ich ein Gespräch beenden soll. Aus lauter Verzweiflung treffe ich dann eine Verabredung zu einem Geschäftsessen. Das darf ich aber nicht. Bei Geschäften gibt es keine Hurenvorstellungen.

Gut im Bett

Ich bin verrückt nach Umfragen. Wenn ich gepunktete Linien sehe, dann juckt es mir in den Fingern. Ausfüllen will ich, ausfüllen! Jeder Pfuschtest in jeder blöden Zeitschrift wird erledigt. Testen Sie Ihre Wahrheitsliebe, messen Sie Ihre Sinnlichkeit, untersuchen Sie Ihr Selbstvertrauen. Früher, als ich noch Psychologie studierte, war es auch schon so. Ich habe drei Intelligenztests gemacht und weiß nun, daß ich mäßig, normal und hochbegabt bin.

Ich habe auch Persönlichkeitstests gemacht. Es gibt einen sehr langen mit 568 Fragen, der angeblich wie kein anderer unsere Persönlichkeit wiedergibt. Den habe ich auch gemacht. Es kam dabei heraus, daß ich ziemlich nervös bin. Das hatte ich auch vermutet, es war mir früher schon aufgefallen, daß andere Menschen angesichts von Hunden und bei lauten Geräuschen weniger zusammenzucken als ich.

Neben den Fragebögen liebe ich auch Umfragen mit ausfüllendem Befrager. Manchmal hat man Glück und wird von einer Dame angerufen, die fragt, welche Zeitung man liest, ob man verheiratet ist und welche Waschpulvermarken man kennt. Ich bin auch auf der Straße von einer Marktforscherin angesprochen worden, für die ich einen Namen für einen neuen Kaffee aussuchen sollte. Das habe ich mit großem Vergnügen getan.

Die Untersuchung von *Opzij*, eine Art niederländische *Emma*, über das Sexualleben von Feministinnen habe ich leider verpaßt. Ich weiß nicht sicher, ob ich als Feministin durchgehe, aber Sex ist immerhin mein Lieblingsgesprächsthema, deshalb kommt mir eine Umfrage über Sex herrlich vor. 395 Feministinnen und 674 »Durchschnittsfrauen« wurden befragt, was sie im Bett wünschten und verabscheuten. Besonders überraschend war das Ergebnis dieser Untersuchung nicht. Die Feministinnen fanden den Orgasmus am schönsten. Daß der Partner auch zum Höhepunkt kam, fanden sie nett, Küssen stand hoch im Kurs, ein Kondom verdarb das Vergnügen, und wenn ein Typ Sonderwünsche hatte, wie Analverkehr, Voyeurismus, Fesseln, Peitschen und Kunstpenisse, dann konnte er sich verpissen. Kaum eine Feministin wollte mit ihrem Liebhaber zu einer Prostituierten gehen. Und das wollten die Durchschnittsdamen wohl auch nicht.

Die Unterschiede bestanden laut *Opzij* denn auch eher in allgemeinen Ansichten. Feministinnen haben etwas liberalere Anschauungen, sie halten einen Mann und Mutterschaft nicht für das Wichtigste im Leben. Im Bett möchten sie gern wissen, wie sie ihrem Partner eine Freude machen können. »Feministinnen sind gut im Bett«, verkündete eine Mitarbeiterin von *Opzij* triumphierend. Das fand ich reichlich anmaßend. Ich nehme an, daß die 395 Feministinnen weniger als die 674 anderen Frauen von der täglichen Langeweile in Familie und Supermarkt gequält werden. Sie verdienen Geld und können ohne Schwierigkeiten von Zeit zu Zeit interessante Partner auswechseln. Das kommt dem Enthusiasmus im Bett zugute. Heißt das aber »gut im Bett«?

Als ich in die Pubertät kam, nahm ich mir vor, später gut im Bett zu werden. Ich las Aufklärungsbücher. Vor allem Van de Veldes *Die vollkommene Ehe* fand ich lehrreich. Von Frauen hatte Van de Velde nicht viel Ahnung.

Er glaubte, die Ejakulation des Mannes müßte die Dame in orgiastischem Genuß mitreißen und daß eine Frau, die nicht mit ihrem Mann gleichzeitig kam, nicht genug weibliches Anpassungsvermögen hätte. Über Männer wußte Van de Velde dagegen eine Menge. Bis ins Detail beschrieb er die Handgriffe, die eine Frau durchführen konnte, um ihren Mann hochzubringen. Diese Techniken habe ich auswendig gelernt, und es ist ein Jammer, daß Van de Velde mich nie in seinem Bett gehabt hat. Er wäre davon überzeugt gewesen, ein Meisterwerk verfaßt zu haben.

Im Bett gibt es sehr vieles, was guttut. Wir können streicheln, küssen, lecken, reiben, kribbeln und krabbeln, und dann gibt es auch noch die Stellungen. Die sagen mir nichts, ich bin schlecht im Turnen, und ich finde es auch nicht sehr erotisch, so komisch beieinander zu liegen.

Auf einem Fest habe ich eine Feministin getroffen. Sie arbeitet bei *Opzij*. »Bist du gut im Bett?« fragte ich. »Ich, gut? Solange er nur gut ist!« sagte sie. Sie lachte unheilverheißend, und ich würde, wenn ich ein Mann mit Absichten wäre, erst ein bißchen üben, ehe ich mich ihr als Liebespartner anböte. Ich fragte noch eine Menge andere Frauen, und viele gaben dieselbe Antwort. »Hauptsache, er ist gut.« Das fand ich seltsam. Finanzielle Unabhängigkeit ist nicht jeder Frau beschieden, und wir können unser Herz an ein Ekel verlieren, aber im Bett haben wir jedenfalls zur Hälfte das Sagen. Ich finde es sündhaft, dem Mann zu überlassen, ob beim Sex etwas herauskommt.

Die Männer glaubten von sich selbst, allerlei zu können. »Was kannst du denn?« fragte ich, und zu meiner Überraschung fingen sie treuherzig an, ihre Fähigkeiten aufzuzählen. Meine Umfrageaktion wurde immer besser.

Als Rückkopplung meldete ich der Feministin, sie brauche sich keine Sorgen zu machen. Die Männer täten schon ihr Bestes.

»Weißt du, wer gut ist?« fragte eine erfahrene Freundin. »Häßliche Männer. Die schönen finden es immer ganz toll von sich, wenn sie sich zur Verfügung stellen, aber häßliche Männer sind dankbar, wenn du mit ihnen ins Bett gehst.« Sie erzählte von einer langen schlanken Frau, die beruflich oft auf Empfänge gehen muß. Bei solchen Gelegenheiten läßt sie sich von ihrem Bruder begleiten. Ihren Liebhaber hält sie versteckt. Er ist dick, klein und kahl, und sie schämt sich seinetwegen ein bißchen, aber wenn sie in seinen Armen liegt, fühlt sie sich wie eine Stradivari.

Vielleicht hat diese Freundin ja recht. Ich hatte auch schon einmal einen dicken kahlen Liebhaber, der noch obendrein lispelte. Im Bett war er ein Prinz. Ich treffe ihn noch manchmal. »Was machst du, wenn du eine Dame nicht gut im Bett findest?« fragte ich.

»Gar nichts«, sagte er. »Dann kann ich nichts tun. Und nachher erzählt sie dann überall, ich wäre ein mieser Liebhaber.«

Ein Mann mit Macht

Sonja verliebt sich immer in Männer von Rang und Stand. Am liebsten hätte sie einen Arzt. Sie wäre so gerne eine Arztfrau. Sie ist verrückt nach ekelhaften Krankheiten, und es ist so ein edler Beruf, Arzt, vor allem, wenn man ihn nicht selber ausüben muß. Sonja wollte dermaßen unbedingt einen Arzt, daß sie sich eine Zeitlang mit einem ehemaligen Betriebsarzt von Gottweißwo zufriedengegeben hat. Der Mann hatte zwar Medizin studiert, wußte aber durchaus nicht, wie man Menschen wieder gesund macht. Züge, damit kannte er sich aus, er konnte keinen Zug vorbeifahren sehen, ohne mit einem unzusammenhängenden Vortrag über Seriennummer, Baujahr, Kapazität und andere Eigentümlichkeiten loszulegen.

Züge fand er viel interessanter als Furunkel, und über seinen sozialen Status dachte er nicht nach. Sonja wohl. Sie beendete die Beziehung und machte sich auf die Suche nach jemandem aus der Welt des Films. Einen Filmmann wollte sie, einen Produzenten, einen Regisseur oder zur Not einen Kameramann. Wenn er nur beim Film war. Und zwar wegen der Feste. Was würde sie für ein Aufsehen erregen, wenn sie in ihrem feschen Kleid hereingetrippelt käme. Da haben wir die charmante Frau von Karel, dem Kameramann.

Ich habe versucht, Sonja zur Nüchternheit zu bewegen. »Und wie geht's nach dem Fest weiter?« fragte ich. »Dann machen wir es uns zu Hause gemütlich«, sagte sie voller Optimismus. »Dann sprechen wir über seine Arbeit. Oder wir laden Freunde zum Essen ein. Interessante Freunde.« Tatsächlich fand sie einen Mann, der beim Film war. Er hatte irgend etwas mit Kabeln zu tun, sprach aber nicht viel über seine Arbeit und besuchte auch keine Feste. Die Romanze verlief im Sande.

»Was soll ich denn jetzt mal nehmen?« seufzte Sonja.

»Versuch's doch mal mit einem netten Mann«, sagte ich. »Mit Nico zum Beispiel.« Sie warf mir einen Blick des Abscheus zu.

Nico arbeitet im Büro und fährt mit dem Rad zur Arbeit, nicht mit dem Rennrad, nicht mit einem rostigen Wrack, sondern mit einem Prunkrad aus dem Laden! Das Schlimme war, daß ich sie verstehen konnte. Das männliche Image ist so empfindlich. Ich kann zum Beispiel einen Mann, der auf der Straße an einem Eis leckt, nicht ernst nehmen. Begehrlich schnaufen, wenn er Essen riecht, darf er auch nicht.

»Nein«, sagte eine Freundin, mit der ich alles bespreche. »Leckermäuler finde ich nicht schlimm, aber ohnmächtige Wut finde ich entsetzlich.« Sie hat einen Mann, der sich nichts gefallen läßt. In Restaurants möchte er korrekt behandelt werden. Das ist in der niederländischen Gastronomie arg viel verlangt, deshalb erleidet er regelmäßig einen Wutanfall und stürzt unter vollen Segeln aus dem Lokal. Sie schlufft hinterher und kann gerade noch sehen, wie der Ober die Schultern zuckt und sich an die Stirn tippt. Ein böser Ehemann mit rotem Gesicht sieht nicht besonders heldenhaft aus.

Machtlosigkeit, das mögen Frauen nicht, im Gegenteil, sie sehen gern einen Mann mit Prestige. Henry Kissinger, der unter Präsident Nixon Außenminister war, sieht aus wie eine Dampfnudel, aber er war seinerzeit ein gefürchteter Damenheld. Macht und Charme, das ist eine Kombination, die noch das festestverriegelte Damenherz knacken kann. Ein bißchen peinlich ist das schon. Männer sind in dieser Hinsicht weniger eigensüchtig.

Ein Mann ist schon zufrieden, wenn eine Frau freundlich zu ihm ist und nett aussieht. Die meisten wissen auch, welchen Typ sie mögen: Blond oder dunkel, mit großem oder kleinem Busen, mit schönen Beinen oder kleinem Hintern. Das heißt nicht, daß ihre Ehefrau so aussieht, aber sie können eventuelle Mängel ausgleichen. Es gibt zahllose Zeitschriften, in denen attraktive Frauen abgebildet sind, appetitlich angerichtet in wollüstigen Stellungen.

Frauen können dem nichts abgewinnen. »Einen schönen Mann hast du doch nie für dich«, sagen sie. Aber das stimmt gar nicht.

Ich habe zufällig einen sehr schönen Verlobten. Er hat breite Schultern und schmale Hüften, dunkle Locken und grünblaue Augen. Er ist eine Schönheit und noch dazu von liebem Charakter. Und doch bewerben sich nur wenig Damen um ihn. Das liegt an seiner gesellschaftlichen Stellung. Er ist Zimmermann von Beruf, zimmert jedoch nur selten. Am liebsten wird herumgesumpft, das kann dieser Verlobte wirklich am allerbesten. Er kann Zeit totschlagen wie kein anderer, und deshalb hat er es in der Gesellschaft nicht weit gebracht. Deshalb machen Frauen einen Bogen um ihn, wenn sie auf der Suche sind. Sie wollen lieber einen Direktor.

Aber meinem Freund Willem zufolge bahnt sich jetzt eine Änderung an. Er hatte sich nach zwanzig lieblosen Ehejahren von seiner Frau scheiden lassen und wollte nun seine große Liebe, Coby, in die Arme schließen. Aber Coby hatte schon einen anderen. Keinen soliden Mann wie Willem, sondern einen Nichtsnutz. Er hat ein

Segelboot, mit dem er in der Welt herumfährt, und er verdient sein Geld mit kleinen Verbrechen. »Was ist bloß in euch gefahren?« fragte Willem. »Du hast diesen komischen Zimmermann, Coby liebt einen Kriminellen, und dann kenne ich noch eine Frau, die in einen Goldsucher verknallt ist und eine, die sich einen tschechischen Flüchtling ausgesucht hat. Früher wolltet ihr doch Männer mit Aufstiegschancen!«

Sofort erzählte ich ihm von der Vakanz bei Sonja, aber er rümpfte nur die Nase. Sonja ist klein und dunkel, und Willem liebt es groß und blond. Die Männer werden sich nie ändern.

Hütchen

Als Annie ihren Mann verlassen hatte, wohnte sie eine Weile bei mir. Ich hatte Verständnis und ein Gästebett, es lag also nahe. Annie war immer noch bei mir, als Gerdien beschloß, ihren Mann sitzen zu lassen. »Kann ich so lange bei dir bleiben?« fragte sie. »Ja, sicher«, sagte ich, ich fand es nämlich nett, so eine würdige Hausfrau als Mitbewohnerin zu haben. Annie hatte als Beschäftigungstherapie meine Jalousien geputzt, und Gerdien kochte gern komplizierte Menüs.

Nach Gerdien war es eine Weile still im Haus, dann kam Jan. Jan war fünf Jahre lang mit einer Frau verheiratet gewesen, die sich geirrt hatte. Sie hielt Jan für einen starken, klugen Mann, an den sie sich anlehnen konnte, aber Jan ist gar kein so strammer Bursche. Er ist zwölf Jahre älter als sie, deswegen kam ihr das wohl so vor. Als sie Jan durchschaut hatte, wollte sie ihn nicht mehr. Also kam er zu mir.

»Muß ich ins Gästebett?« fragte er am ersten Abend.

»Ja«, sagte ich, aber das ignorierte er.

»Ich komme zu dir ins Bett, weil das gemütlicher ist«, sagte er. »Ich tu aber nichts.« Er tat auch nichts, aber unter dem Laken wuchs etwas. »Du kriegst doch wohl keine Erektion?« fragte ich. »Ich kann nichts dafür«, antwortete Jan. »Vielleicht sollten wir über gekochten Blumenkohl sprechen, das hilft bestimmt.«

»Oder über Lymphdrüsen«, schlug ich vor.

»Schleimbeutel«, sagte Jan.

»Fleischgewächs«, sagte ich, und »Smegma.« Das brachte es.

Ich halte Smegma für das ekelhafteste Wort, das ich kenne. Ich verbinde damit auch eine Erinnerung.

Vor langer Zeit war ich in Jacques verliebt. Ich weiß nicht genau warum, aber ich sollte und mußte diesen Mann haben. Das war nicht schwer. Er zog seinen Terminkalender aus der Tasche und schlug ein Datum vor. Das war nicht sonderlich verführerisch, aber doch nichts im Vergleich zu dem, was mich erwartete. Am vereinbarten Tag meldete Jacques, daß von sexuellem Kontakt nicht die Rede sein konnte. Er hatte Phimose. Durch mangelnde Hygiene hatte sich unter dem Rand der Eichel eine Smegma-Ansammlung gebildet. Die hatte sich dann entzündet, und die Vorhaut ließ sich nicht mehr zurückschieben, sie schien festzukleben. Ich war nicht mehr verliebt in Jacques.

»Darum mache ich es nur mit Beschnittenen«, sagte ein homosexueller Freund. »Amerikaner sind beschnitten, Juden sind beschnitten und Islamanhänger auch.«

»Weiß du, was ich bei Beschnittenen so anstrengend finde?« erwiderte ich. »Ich kann so einem Mann keinen runterholen. Du kannst dich ja nirgendwo festhalten.«

»Das ist ja auch der Sinn der Beschneidung«, erklärte mein Freund. »Sie soll verhindern, daß Samen vergossen wird.« Ich glaube ihm, schließlich ist er Sexologe und auf Männer spezialisiert. Wenn ich etwas über Männer wissen will, dann frage ich ihn. Vor kurzem las ich in einer Zeitschrift, daß zur Zeit unter homosexuellen Männern der Penis mit Hütchen sehr bliebt ist, ein unbeschnittener Penis mit langer Vorhaut, die wie eine Tülle über die Eichel hinausragt, solange von Erektion nicht die Rede sein kann. Mein Freund machte ein bedenkliches Gesicht. »So ein Hütchen ist kein gutes Zeichen«, sagte er. »Wenn ein Junge als Kind nicht gelernt hat, die Vorhaut weit genug zurückzuschieben, dann entsteht so ein Hütchen. Das kann ein Anzeichen für mangelhafte Hygiene sein.«

Ich dachte darüber noch weiter nach, nicht über die Hygiene, sondern über die Penismoden. Frauen treffen in der Regel auf so wenig unterschiedliche Penisse, daß sie niemals auf die Idee kommen würden, eine Vorliebe zu äußern. Manche behaupten zwar, einen Kleinen nicht gut genug zu finden, aber eine ausgedehnte Inventarisierung ist Frauen fremd.

»Ich werd mal nachsehen, ob Gerard beschnitten ist«, sagte Jolanda. »Da hab ich auch kaum was zum Festhalten.«

Ich sah sie verblüfft an. »Weißt du das denn nicht?« fragte ich. »Dein eigener Gerard!«

»Ich sehe ihn doch fast nie«, antwortete Jolanda zur Entschuldigung. »Im Bett liegen wir unter der Decke, und nach dem Sex wird das Licht ausgemacht.«

»Aber im Badezimmer, oder ehe er ins Bett kommt?«

Jolanda machte eine hilflose Geste. »Ich hab nie so darauf geachtet«, sagte sie. »Machen andere Frauen das denn?«

Das bezweifele ich langsam selber. Ich kenne ein altes Ehepaar, das einander noch nie nackt gesehen hat, aber ich dachte immer, das wäre einfach die alte Vorkriegshaltung.

»Ich finde Männer doch ohnehin schon häßlich«, sagte Fien. »Aber das, dieses Teil kann ich echt nicht sehen. So haarig und schrumpelig, so violett und mit Adern. Ich schaue immer in die andere Richtung, wenn Bert zu mir kommt.«

»Aber Fien!« rief ich, aber sie war nicht mehr zu bremsen und beschrieb den Stolz des armen Bert in den unappetitlichsten Farben und Gerüchen.

»Ich dachte, du siehst nicht hin«, sagte ich.

Ich habe immer gut hingeschaut. Das finde ich lehrreich. Ein gepflegter Penis ist ein guter Beginn für eine Romanze, und wenn er dann auch noch stolz aufrecht steht, dann wissen wir auf jeden Fall, daß der Besucher sich nicht langweilt. Es gibt kurze, dicke, dünne, lange, gerade und krumme, aber sonderlich wichtig ist das nicht. Sie können faul sein, anspruchsvoll, scheu oder rührend.

Ich kann mich an die verschiedenen Penisse, die mir im Laufe der Jahre vorgestellt worden sind, noch gut erinnern. Nicht in jeder Einzelheit natürlich, aber von den meisten Modellen kenne ich schon ein Exemplar. Ich habe nur keine besondere Vorliebe entwickelt. Solange sie mich nicht beleidigten, erschienen sie mir allesamt als netter Anblick. Mit oder ohne Hütchen.

Die E-Skala

»Meine Frau behauptet, ich hätte kein Herz«, sagte der
Mann in der Kneipe stolz. »Sie findet mich hart, und das
bin ich vielleicht auch. Aber ich bin unbedingt gerecht.«
Er nickte uns noch einmal nachdrücklich zu: »Unbedingt
gerecht!«

»Ich finde, du bist überhaupt nicht gerecht«, sagte
meine Freundin. »Du bist feige. Du hast nicht nur kein
Herz, du hast auch kein Rückgrat. Und ein Gehirn hast
du auch nicht. Paß bloß auf, daß du nicht zusammen-
brichst.«

Der Mann tauchte in seinem Bierglas unter.

»Du brauchst ihn doch nicht so hart anzufassen«, sagte
ich. »Er war doch besser als erwartet. Nur zwei Punkte
auf der E-Skala.«

Die E-Skala ist für Anneke erfunden worden. Anneke
verliebt sich immer in Ekel. Sie merkt das nicht, sie
glaubt, fesche, interessante Männer mit durchdringen-
dem Blick und künstlerischem Beruf zu lieben, aber das
ist Unsinn. Ekel sind das.

Zuerst hatte sie Charles. Charles war Industrie-Desig-
ner. Er mußte viel reisen und blieb manchmal wochenlang spurlos verschwunden. Dann grämte Anneke sich
und zerbrach sich den Kopf, warum er weder anrief noch
schrieb. Später stellte sich heraus, daß er keine sehr weiten Reisen unternahm, er saß in Apeldoorn, bei seiner
Frau, der er auch weisgemacht hatte, daß er ewig verrei-
sen müßte. Als er seine Betrügerei gestand, weinte er ein

bißchen. Er ist sensibel, folgerte Anneke und hat noch anderthalb Jahre mit ihm herumgewurstelt.

Bis ihr Han begegnete. Goldschmied war er, hatte Augen wie Juwelen und einen Schnurrbart. Ein Ekel allererstern Ranges.

»Was findest du bloß an dem Mann?« fragte ich.

»Ich finde ihn total geil«, sagte Anneke.

Er hielt sich selber auch für unwiderstehlich, probierte aber sicherheitshalber seinen Charme bei jeder Frau aus, die ihm über den Weg lief. »Ich glaube nicht, daß er wirklich fremdgeht«, sagte Anneke schwach. Am Wochenende saß sie neben dem Telefon und wartete, denn vielleicht rief er ja doch noch an, und in der Kneipe hing sie wie eine triste Einkaufstasche an seinem Arm, während er seine Sternenaugen für andere Frauen funkeln ließ.

Eines Tages hatte ich das alles satt.

»Den nächsten suche ich dir aus«, sagte ich. »Das laß mal lieber«, widersprach Anneke. »Sicher so einen Trani wie deinen. Wo findest du schon einen netten Mann?« – »Im Supermarkt«, sagte ich, »beim Waschpulver. Bestimmt nicht in diesen scheußlichen Kneipen, in die du gehst. Das sind Ekelkneipen.« Und um sie in Zukunft vor sich selber zu schützen, haben wir die E-Skala entworfen, die Ekel-Skala, an der sie präzise ablesen kann, was sie für ein Ekel am Wickel hat. Die Skala hat sieben Punkte, ein Punkt ist eine leichte Macke, sieben bedeutet Entlassung. Charles war ein E-5, Han ein E-4, wir könnten also hoffen, daß sich eine hoffnungsvolle Entwicklung anbahnt, aber jetzt habe ich sie Lex anlächeln sehen. Lex ist ein fieser E-7, er ist ein so entsetzliches Arschloch, daß sogar Anneke es besser wissen müßte, aber nichts da, sie hat gelächelt. Lex hatte sich seine 7 verdient, als seine Frau gerade niedergekommen war. »Herzlichen Glückwunsch!« riefen die Kollegen, aber Lex meckerte: »Jetzt hängen ihre Titten so nach unten.«

»Das Wesen des Ekels ist seine Treulosigkeit, er meint nicht, was er sagt, nicht, was er tut, und er flieht vor den Geistern, die er selber herbeigerufen hat. Er ist der Mann, der wochenlang mit dir flirtet, und wenn du dann mit ihm im Bett gewesen bist, verkündet er, daß er nicht verliebt ist«, sagte eine Freundin. »Und dann rennt er mit tropfendem Schwanz in die Kneipe, um seinen Kumpels zu erzählen, daß er dich aufs Kreuz gelegt hat«, fügte eine andere Freundin hinzu. E-7, mit Bonus. So schlimm sind aber nur wenige Männer, die meisten kommen nicht weiter als E-3. Ein typischer E-3 ist ganz reizend, so lange noch keine feste Beziehung besteht. Er läßt drei Wochen nichts von sich hören, platzt dann unerwartet herein, fragt: »Was essen wir heute abend?«, läßt sich faul aufs Sofa fallen und will nicht mehr weg.

»Was ist denn los mit dir?« fragt sie.

»Nix«, brummt er mürrisch. Wenn sie ihn doch in seiner miesen Stimmung sitzenlassen würde, aber das tut sie nicht. Sie hat Verständnis. »Er ist eben kein großer Redner«, sagt sie. Es würde wohl auch nichts bringen, wenn wir versuchten, ein Ekel zu ändern. Er weiß es nicht besser. Wenn eine Frau ihm keine Aufmerksamkeit widmet, dann denkt er nicht: »Mein Gefasel gefällt ihr nicht«, sondern: »Sie hat sicher ihre Tage.«

Ich habe eine Annonce aufgegeben: Gesucht: Netter Mann für Anneke (35), möglichst kein Ekel. Aus dem Briefstapel habe ich drei Männer ausgesucht, die in Frage kommen könnten. Alle drei wirkten gebildet, bescheiden und hatten interessante Hobbys. Die Treffen waren ein Mißerfolg. Der eine lächelte schafsdumm, sagte Anneke, und er trug einen Tanga, die anderen beiden waren zwar nett, aber öde! Öde, das hat sie gesagt. »Und auf der Bank sitzen und meckern, daß dein Blumenkasten spießig ist, und nirgendwo hinwollen und deine Kleider kritisieren, ist wohl nicht öde?« schrie ich.

Und jetzt hat sie einen neuen. Er ist Fotograf, 42 Jahre alt und sieht zehn Jahre jünger aus. Er hat eine freundliche Stimme, er liebt sie und macht Pläne für das Wochenende. »Wollen wir auf Marken Fisch essen?« fragte er. Anneke ist endlich glücklich. Letzte Woche kam sie zu mir, um seinen E-Faktor festzustellen. Sie trug hochhackige Schuhe und benutzte Lippenstift. So hatte ich sie noch nie gesehen.

»Wie gefällt er dir?« fragte sie bei der Nachbesprechung. »Er ist so nett! Gestern haben wir ein Kostüm für mich gekauft. Er liebt gutgekleidete Frauen. Seine letzte Freundin war auch sehr elegant.«

Ich blickte sie düster an. E-3, wenn du mich fragst, aber es kann sich noch steigern.

Ihre Ehe

Früher hatte ich einen Hintergarten. Im Winter stellte ich mich ans Fenster und dachte: Das ist mein Garten. Vor allem, wenn es geschneit hatte und nur Vogelfüßchen Mitbesitzer all der Schönheit waren, fühlte ich mich reich. Im Sommer war es auch sehr schön, einen Hintergarten zu haben, aber dann gehörte er mir nicht richtig. Alle Nachbarn öffneten bei schönem Wetter ihre Fenster, und ihre häuslichen Geräusche wirbelten nach unten. Heulende Kinder, klapperndes Geschirr, Fernseher, alles war zu hören. Ein Stück weiter die Straße hinauf wohnte eine unglückliche Ehe. Fast jeden Sommerabend hatten sie Streit. Er fing so gegen sieben an. Dann brummte der Mann, und die Frau klagte. Nach einer Weile fing er an zu schreien und sie fing an zu keifen, und um zehn Uhr endete der Streit in unheilschwangerer Stille.

Eines Tages rief die Frau: »Du machst meine Ehe kaputt!« Von nun an verschlimmerte sich der Streit. Sie gewann, das war deutlich zu hören. Sie schimpfte, sie schmiß mit Geschirr, und sie spuckte ihn an. »Ich spucke dich an!« rief sie dann. »So!« Er gab sich kaum Mühe, sich zu wehren. Ich hörte ihn zwar ab und zu schreien, aber das brachte nicht viel. Für ihn war es ein ehelicher Streit, für sie war es Krieg. Es ging um ihre Ehe, ihr Eigentum.

Männern geht das so mit Autos. Auch, wenn das Auto von ihrem Geld gekauft worden ist, wenn er fährt, dann gehört das Auto ihm, so sehr, daß er langsam zum Auto wird. »Meine Schaltung ist kaputt, ich muß mein Öl nachsehen lassen.« Frauen haben einen Mann. Solange sie ihn lieben, ist das sicher ein angenehmes Gefühl. Das größte Stück Fleisch ist für Papa, sie strickt ihm einen schönen Pullover, sie brüstet sich mit seiner Arbeit. Erst wenn sie herausgefunden hat, daß sie ihn im Grunde für ein Ekel hält, wird ihre Ehe für ihn zur Hölle. Sie beschimpft ihn oder gibt ihm schweigend zu verstehen, was sie von ihm hält, nur eins ist klar: Daß sie an ihn denkt, den ganzen Tag.

Wenn sich ein Mann nicht mit seiner Frau versteht, dann verbannt er sie aus seinen Gedanken. Er vergißt ganz einfach, daß sie existiert. Das kann ihr nicht passieren. Noch mehr als zu der Zeit, als sie ihn geliebt hat, beschäftigt sie sich mit ihm. Aufmerksam untersucht sie sein ganzes Wesen. »Jetzt sieh dir doch an, wie dieser Sack wieder vor dem Fernseher hängt, wie er mit seiner Suppe herumsaut!« Im Kopf hat sie eine genaue Karte seiner wunden Punkte, sie führt Buch über seine Mängel. Ihr Mann, ihre Ehe.

Ich kenne einen Mann, der schon seit vier Jahren eine neue Freundin hat und sich immer noch nicht ins Jordaanviertel traut, weil dort seine böse Exfrau wohnt. Er lebte schon ein halbes Jahr von ihr getrennt, als sie ihn eines Tages anrief. Es war nämlich Winterzeit, und er mußte die Uhren in ihrem Haus eine Stunde zurückstellen. Das war seine Aufgabe, immer schon. Am Telefon hatte sich eine Dame gemeldet.

»Was hat diese Person in deinem Haus zu suchen?« hatte die Ex gerufen. »Das ist eine Freundin«, antwortete er. »Warum geht sie ans Telefon?« donnerte sie. »Weil es geklingelt hat«, sagte er, und das hätte er nicht sagen dürfen, denn seitdem hat er einen Mühlstein am Hals: Els.

Solche Männer gibt es wohl häufiger. Auf den ersten Blick wirken sie anziehend, umgänglich und gutgelaunt, aber leider, leider leiden sie unter einer schleichenden Krankheit: Ihre verflossene Verlobte. Vor allem, wenn auch Kinder da sind, gibt es keine Rettung.

Gerard zum Beispiel, der vier Kinder hat, was viel zu viel ist, aber der Mann ist nun einmal der geborene Vater. Er hat sich alle Mühe gegeben, um in gutem Einvernehmen mit seiner Exfrau zu bleiben, und das schien sogar zu klappen, vor allem, als sie einen neuen Freund fand. Kurz darauf wurde Gerards neue Freundin schwanger. Jetzt darf er – im Austausch für das kommende Baby – die anderen vier Kinder nicht mehr sehen. »Dann hätte er uns nicht im Stich lassen dürfen«, sagt seine Ex.

Die neue Freundin ist wohl genauso schlimm. Ich bin ihr einmal begegnet. Sie hat den Augenaufschlag eines Kuckucks, der soeben alle ursprünglichen Bewohner des Nestes über den Rand gestoßen hat. »Mein, mein«, denkt sie.

Wer über dreißig ist und nach einem neuen Verlobten Ausschau hält, muß sich die Wahl gut überlegen. Es wäre schön, wenn wir einen Mann fragen könnten, wem er gehört, aber meistens weiß er das selber nicht. Er wird ferngesteuert.

Auf einem Fest unterhielt ich mich mit der Frau eines feschen Mannes. Sie unterbrach unser Gespräch mit einem entschuldigenden Lächeln. »Kurz eingreifen«, murmelte sie. Ich sah, wie sie durch die Menge zu ihrem Mann lief. Sie blieb nur ganz kurz bei ihm stehen, bis die Dame, mit der er gesprochen hatte, sich umdrehte und verschwand. Gleich darauf war meine Gesprächsgenossin wieder bei mir. »Sorry«, sagte sie, »aber wenn Herman sich mit der Hand durch die Locken fährt, dann weiß ich, daß er sich geschmeichelt fühlt. Und dann stelle ich lieber klar, was Sache ist.«

Die meisten Frauen behaupten, sie würden sich niemals am Mann einer Freundin vergreifen. Und das hat seinen guten Grund. So kraftlos, wie Frauen sein können, wenn es darum geht, sich eine Stellung in der Gesellschaft zu erobern, so treffsicher sind sie, wenn es um einen Mann geht. Ich kenne eine Frau, die einen Topf Abbeizmittel über dem Auto ihres Exmannes auskippte, als er es wagte, eine neue Romanze anzufangen; eine andere fing kurz vor der Scheidung an, wie eine Besessene die gemeinsamen Güter durch ein Klavier, ein Rennrad, ein Videogerät, Fahrstunden und ein Auto zu vermehren. Ich habe so etwas nie getan. Mit den meisten Verlobten habe ich es sehr nett gehabt. Da kann die nächste Frau gern das Kerngehäuse übernehmen.

Die Vagina

Wäre ich als Mann geboren, dann wäre ich klein und kahl. Deshalb bin ich heilfroh, eine Frau zu sein. Nur um eines beneide ich die Männer, nämlich um ihren Schwanz. Wie gern hätte ich einen Schwanz, so einen praktischen Penis, mit dem ich stehend pinkeln könnte, so ein kompromißbereites Geschlechtsorgan, das noch auf das unbeholfenste Streicheln mit einem Orgasmus reagiert, darauf war ich schon als Kind eifersüchtig.

Kleine Jungen werden vielleicht nicht über alle Funktionen ihres Penis informiert, aber immerhin wird ihnen erzählt, daß sie einen Piephahn haben. Bei Mädchen sind Eltern nicht so offenherzig. Ich bin mit vagen Ortsandeutungen aufgewachsen: Unten, im Gegensatz zu Oben, womit der Busen gemeint war. Ehe von einem Oben die Rede war, sprach meine Mutter vom Vorderpopo, wahrscheinlich wegen des nahegelegenen Hinterpopo.

Inzwischen hat sich vieles gebessert, aber noch immer gehen Männer mit ihrem Geschlechtsteil sehr viel vertraulicher um als Frauen. Das liegt ja auch ganz auf der Hand. Wenn eine Frau einmal hinsehen will, muß sie einen Spiegel davor halten, sonst sieht sie nichts. In den 70er Jahren, als die Frauenbewegung voll in Gang war, wurde das in Frauenhäusern geübt. Nackt und mit angezogenen Beinen lagen Frauen auf dem Boden, um sich selber und anderen Gelegenheit zu geben, ein Terrain zu inspizieren, das bislang den Gynäkologen vorbehalten gewesen war. Damals wurde ich oft zum Mitmachen aufgefordert, aber ich konnte einfach nicht. Ich habe einen Horror vor allen medizinischen Handlungen. Warme, feuchte Körperhöhlen halte ich gewissenhaft sauber, aber es macht mir kein Vergnügen, hineinzuschauen.

Durch diese gynäkologischen Untersuchungen sollten Frauen lernen, ihre intimen Teile zu lieben. Das fällt uns nämlich schwer, und das ist kein Wunder.

Alles, was wir über Vaginas hören, hat mit Ekelkram zu tun, mit Ausfluß, Belag und störendem Geruch. Manche Tamponreklamen erwecken den Eindruck, daß der Fabrikant die Damen am liebsten für immer verstöpseln würde. Vor zehn Jahren gab es auch Intimsprays, einen gemeinen Artikel, mit dessen Hilfe Frauen ihren Körpergeruch durch den Duft von Tannen oder Apfelblüten ersetzen sollten. Dieses Produkt wurde angepriesen mit dem Bildnis einer jungen Frau, die anstelle ihrer Scham ein fehlendes Puzzlestück zeigte. Sie war ganz offensichtlich fast perfekt.

Intimsprays gibt es nicht mehr. Frauen bekamen davon nämlich Ausschlag. Die Vagina ist sehr empfindlich. Eigentlich sollten wir nicht zuviel darin herumputzen und schrubben, dazu ist sie nicht angelegt. Aber Frauen können es nicht lassen, sie denken an die unangenehmen Gerüche. Männer riechen genauso wenig nach Apfelblüten, aber denen macht es nichts aus. Ihr Schwanz bereitet ihnen so großes Vergnügen, daß es sie nicht weiter stört, wenn er ab und zu ein bißchen stinkt. Frauen quälen sich. Wenn sie ihre Tage haben, halten sie sich für unrein, auch, wenn sie überhaupt nichts mit Religion am Hut haben. Prämenstruelle Spannungen sind auch ein typisches Damenleiden. Es stimmt, daß Frauen, ehe die Menstruation einsetzt, kurzangebunden sind und zu kriminellen Handlungen neigen, aber Männer sind das ganze Jahr so.

Und die gehen deshalb auch nicht zum Psychiater. Wenn ein Mann jeden Monat bluten müßte, dann würde er das wahrscheinlich für ein Anzeichen seiner überströmenden Kraft halten, nicht für eine peinliche Nebenerscheinung der menschlichen Fruchtbarkeit.

Als ich dreizehn war, wollte ich gerne anfangen zu onanieren. Ganz vorsichtig ließ ich einen Finger nach innen gleiten. So wird das wohl klappen, dachte ich, empfand dabei aber keinen Genuß. Traurig folgerte ich daraus, daß mein Liebesleben schon ein Mißerfolg war, noch ehe es richtig angefangen hatte. Es dauerte drei Jahre, bis ich herausgefunden hatte, wie ich trotzdem zum Orgasmus kommen konnte. Ich war nicht froh darüber. Wie sollte ich denn jemals mit einem Mann etwas Schönes aufbauen, wenn wir so unterschiedliche Interessen hatten? Zum Glück gab es die Aufklärungsbücher. Darin stand, daß Frauen ein anderes Sexualerleben haben als Männer und daß eine Dame eine Bestellung aufgeben kann, die der Mann sofort voller Begeisterung auszuführen hat. Schließlich wünscht er sich nichts inbrünstiger, als ein guter Liebhaber zu sein. Die Wirklichkeit war dagegen enttäuschend. Manche Männer begriffen nicht, was ich wollte, andere vergaßen die Lektion immer wieder. Ich hatte einen Verlobten, den ich alle drei Wochen darauf hinweisen mußte, daß ein tiefer geistiger Kontakt auf die Dauer nicht genug ist. Ein Orgasmus ist netter. Während der nächsten Tage tat er sein Bestes, dann hatte er alles wieder vergessen. Jedesmal, wenn ich ihn fragte, ob ich auch mitmachen dürfte, fiel er aufs Neue aus allen Wolken: »Hättest du das doch gesagt, Liebste!«

80 Prozent aller Frauen kommen nur dann zum Orgasmus, wenn etwas oder jemand ihre Klitoris leckt oder streichelt, durch den Coitus allein kommt es ihr nicht.

Nie. Auch nicht, wenn sie den Mann ganz heiß liebt. Wir könnten also annehmen, daß diese überwältigende Mehrheit dafür sorgt, daß alle Männer die Gebrauchsanweisung im Kopf behalten. Das stimmt aber nicht. Ich habe mich immer davor gegraust, mit einem neuen Liebhaber ins Bett zu gehen. Wenn ich sagte, daß Vögeln allein nicht ausreichte, dann gab es zwei Möglichkeiten. Entweder sagte er, »das macht nichts«, und machte weiter, oder er sagte »das macht nichts«, und fragte, wie er mir gefällig sein könnte. Was ich nie glauben konnte, war, daß das nicht sein kann. Niemand will doch ein Auto, das nur mit der Kurbel in Gang zu bringen ist?

Wie kann es also sein, daß alle Männer, mit denen ich im Bett war, erzählten, daß ihre letzte Verlobte geradezu spontan zum Orgasmus gekommen sei? Fünfzehn Jahre Feminismus, und ich leide immer noch an Penisneid. Aber kahl werde ich nicht!

Ich liebe dich

Lucy hat einen Mann. Es war gar nicht so leicht, aber jetzt hat sie ihn: einen echten Verlobten mit Aufstiegschancen. Vor fünfzehn Jahren hatte Lucy auch einen Mann, aber den hat sie weggeekelt, und seitdem wollte es mit ihr und den Herren nicht mehr klappen. An ihr lag das nicht. Sie wünschte sich nur ein bißchen zu sehr einen Partner. So nannte sie es: Einen Partner. Die Gleichwertigkeit, die dieses Wort anklingen läßt, galt in Lucys Fall vor allem für den Haushalt. Ein Partner mußte brav abwaschen, putzen und einkaufen. Wenn sie zweimal mit einem Partnerschaftskandidaten im Bett gewesen war, fand sie, daß er jetzt mit Kochen an der Reihe wäre. Nette Jungen machten sich deshalb alsbald aus dem Staube, und sie quälte sich weiter mit der Spreu herum. Der eine war unzuverlässig, der andere hatte eine frühere Freundin, mit der noch nicht alles aus war, der dritte hatte Weib und Kind und hatte die Sache mit Lucy bei näherem Hinsehen doch nicht so ernst gemeint.

Eines Tages meldete sie, daß sie mit einem neuen Projekt angefangen hätte. Govert heißt er, und er macht sich nichts aus Lucys Aufträgen. Er spült nicht, ruft nur zum unpassenden Zeitpunkt an und will absolut keine netten Ausflüge machen, die Lucy so liebt. Eigentlich ist er kein besonders passender Verlobter, aber er steht zur Verfügung und hat großes Durchsetzungsvermögen. Er will sie.

»Gratuliere zum neuen Mann«, sagte ich, aber Lucy zog ein langes Gesicht.

»Ich weiß nicht, ob ich ihn wirklich liebe«, sagte sie. »Ich sage zwar immer, ›ich liebe dich‹, aber damit will ich vor allem herausfinden, was er als Antwort sagt.«

Govert antwortet natürlich gar nichts, und das ist richtig so, denn »ich liebe dich« gilt nur, wenn wir es als erste sagen. Als Wechselgeld ist es unbrauchbar. Wer es zuerst sagt, hat deshalb einen Vorsprung. Seiner Gefühle sicher, kleidet er all das Schöne markig in Worte: Ich liebe dich. Der so angesprochenen Person bleibt die triste Arbeit, die Liebe noch ein bißchen zu umschreiben. »Ich habe dich lieb« ist zu schlapp, »ich bin verrückt nach dir« hat nichts Erhabenes, und »ich auch« bezieht sich auf die falsche Person.

Ich kenne einen Dichter, der behauptet, daß Liebende ihre eigene Sprache schaffen. Das ist natürlich Unsinn. Verliebte Menschen haben zwar seltsame Codes, aber wenn sie ihre Liebe in die Sprache umsetzen wollen, dann sagen sie »ich liebe dich«. – »Was sagen Dichter eigentlich im Bett?« fragte ich den Dichter. »Ich spreche immer Englisch«, antwortete er. »Ich kann meine Gefühle viel besser auf Englisch zum Ausdruck bringen.« Damit enttäuschte mich der Dichter. Vielleicht verlangt seine Arbeit schon zuviel von seinem Niederländisch. Aber er ist ja nicht der einzige, der englische Wörter und Sätze gebraucht. Andere Leute finden auch, daß sie auf Englisch ihre Gefühle so gut ausdrücken können. Ich bin durch einen unglückseligen Zufall einmal mit einem im Bett gelandet, der auf Englisch losflüsterte. Das hat mich doch arg abgelenkt. Es hörte sich an, als ob er einen Popsong auswendig gelernt hätte.

Ich liebe dich. Es gibt nur diesen kleinen Satz, damit müssen wir zurechtkommen. Manche Menschen gehen damit so sparsam um, daß sie ihn in ihrem ganzen Leben nicht aussprechen. Mein Vater war so einer. Bis zu seinem Tod war er mit meiner Mutter verheiratet, und soviel ich weiß, war er damit sehr zufrieden, aber niemals hat er »ich liebe dich« zu ihr gesagt.

Das fand meine Mutter traurig. Es wirkte so unfertig.

Nicht nur, wie oft wir »ich liebe dich« sagen, spielt eine Rolle, sondern auch der Moment, in dem wir dem anderen zum erstenmal diese Mitteilung machen. Das darf keinesfalls zu früh geschehen.

Meine Freundin Truus geht ab und zu fremd. Um ihren Mann nicht zu beunruhigen, tut sie das hinter seinem Rücken. Die Affäre wird zumeist rasch und angenehm abgewickelt: Sie geht ein- oder zweimal mit jemandem ins Bett, lädt ihn vielleicht noch einmal zum Essen ein, und damit hat sich's.

Nur beim letztenmal ging alles schief. »Ich liebe dich«, sagte der Mann. Sie hatte ihn im Völkerkundemuseum aufgetan. Er war Saalwärter und schrecklich schön. Truus konnte der Versuchung nicht widerstehen und fing ein Gespräch mit ihm an. Als das Museum schloß, gingen sie in ein Hotel. Der Sex war enttäuschend, erzählte Truus später, aber das schlimmste war, daß er ihr, noch ehe sie richtig angefangen hatten, tief in die Augen blickte und »ich liebe dich« sagte. O je! dachte Truus, und dieses Vorgefühl sollte sich dann auch bewahrheiten. Der Saalwärter schreibt ihr jetzt leidenschaftliche Briefe und unterschreibt als »dein ergebener Sklave«, »dein süßer kleiner Prinz« und sogar als »dein eigenes liebes Kerlchen«.

Truus hat zurückgeschrieben, daß das wohl alles ein Mißverständnis sein müßte, aber er läßt sich nicht bremsen. Ihr Ehemann ist wütend, vor allem wegen des süßen kleinen Prinzen. Truus nennt ihn nämlich ab und zu ihren kleinen Prinzen. Er heißt mit Nachnamen Prins, deswegen liegt der Beiname auf der Hand. »Aber ich liebe dich doch!« hat Truus gerufen.

Durch den Tonfall läßt sich sehr viel Variation in diesen kleinen Satz bringen. Je nach Lage der Dinge bedeutet er dann »ich bin das beste, was dir je passiert ist« oder »warum tust du mir das an?«

Ich hatte einmal einen Verlobten, der es sagte, wenn er vermutete, daß ich anderer Meinung war als er. Auf die Dauer hatte ich überhaupt keine Meinung mehr. Das war wirklich ein wunderlicher Verlobter. Wenn ich ihm sagte, daß ich ihn liebte, zuckte er die Schultern. »Ja, ja«, sagte er dann ungeduldig. »Aber findest du mich auch sympathisch?«

Lügen

Ein Freund von mir hat einen Freund. Alle zwei Wochen kommt er aus Zutphen angereist, um die Romanze fortzusetzen. Dann gehen sie zusammen ins Museum, ins Theater oder ins Bett. Es ist eine schöne Beziehung, aber sie bietet wenig Entwicklungsmöglichkeiten. Das findet mein Freund auch, und deshalb hat er noch einen Liebhaber. Einen wilden Gesellen, mit dem er sich streitet und in Schwulenkneipen herumtreibt. Davon weiß der Mann aus Zutphen nichts. »Ein Mann muß alles essen, aber nicht alles wissen«, sagt mein Freund als Erklärung. »Das ist eine alte Weisheit.«

Ich frage mich, ob noch mehr Männer diese alte Weisheit beherzigen. Ich glaube nicht. Sie wollen alles wissen, und dabei schlucken sie doch voller Vertrauen allen Unsinn, den ihre Frau ihnen serviert. Sie denken nicht darüber nach, ob es wahr ist, was sie ihnen erzählt. Vielleicht denken sie sogar, daß ihre Frau in jedem Fall die Wahrheit sagt. Aber das stimmt nicht.

Frauen wollen gern gefallen. Wenn die Wirklichkeit nicht mit den Wünschen des Herren übereinstimmt, ändern sie sie eben. Make-up, Figurkorrektur, ein Kurs, keine Mühe ist uns zu groß. Und für den Notfall denken wir uns Lügen aus.

Ich kenne einen Mann, der auf einer Bohrinsel arbeitet. Das bedeutet, daß er zehn Tage dort ist, danach zehn Tage zu Hause.

Wenn er zu Hause ist, widmet er sich dem Familienleben. Er hilft im Haushalt, holt die Kinder aus der Schule ab und geht mit in den Supermarkt. Das findet er herrlich, und er glaubt, seine Frau habe ein Spitzenleben. Das macht ihm nichts aus, aber das Leben, das sie führt, während er auf seiner Insel sitzt, ist ganz anders, als er glaubt.

Tagsüber pusselt seine Frau ein bißchen im Haushalt herum, aber wenn die Kinder im Bett sind, dann deponiert sie das Babyfon bei den Nachbarn und zieht los.

Sie hat einen fröhlichen Freundeskreis und ein paar Kneipen, die sie sehr gern besucht.

Zwischen zehn und elf ist sie jedoch immer zu Hause, denn dann ruft ihr Mann von der Bohrinsel an. »Was machst du denn gerade?« fragt er. »Socken stopfen«, antwortet sie. Kein Mensch stopft heutzutage noch Socken, aber das wissen die meisten Männer nicht. Oder sie sagt, daß sie eine Sendung im Fernsehen sieht. Manchmal ruft er zu früh an, wenn sie noch nicht zu Hause ist. »Wo warst du denn?« fragt er später. »In der Bücherei«, sagt sie. »Ich habe mir so schöne Bücher ausgeliehen. Willst du wissen, wie sie heißen?« – »Nein«, sagt er, denn er liest nicht gern. Wenn er aufgelegt hat, zieht seine Frau ihre Jacke wieder an. Sie geht – soviel ich weiß – niemals fremd.

»Warum sagst du nicht einfach die Wahrheit?« habe ich sie einmal gefragt. »Dann bildet er sich alles mögliche ein«, sagte sie. »Davon haben wir doch beide nichts. Und außerdem: Ein Mann braucht nicht alles zu wissen.«

Männer lügen natürlich auch, aber wie bei allem, was ein Mann im zwischenmenschlichen Verkehr leistet, sind sie auch dabei ein bißchen primitiv.

Männer lügen über Suff und Sex. »Wenn ich zum Beispiel mit dir ins Bett gehen würde, würde ich das meiner Frau nicht sagen, auch nicht, wenn sie mich fragt, denn dadurch würde ich sie nur unnötig verletzen«, verkündete ein Mann stolz.

Er hielt sich für zartfühlend, weil er wußte, daß Wahrheitsliebe auch ihre Tücken hat. Unsinn, mein Guter! Lügen muß auf schöne Weise geschehen. Es geht nicht um eine Aussprache, die doch nicht die Wahrheit ist, sondern um ein ganzes Theaterstück, das sich hinter dem Rücken des anderen abspielt.

Ich habe immer viel gelogen. Mein erster Verlobter war ein Tyrann. Er wollte mich kein eigenes Leben führen lassen. Wenn er morgens lange schlief – und das tat er jeden Tag, er war schließlich Künstler –, mußte ich zu Hause bleiben. Nur beim Einkaufen ließ er mit sich handeln, denn sonst bekam er ja nichts zu essen. Vor zwölf durfte ich also ein Stündchen ausgehen.

Ich hätte natürlich mit Feuer und Schwert um meine Freiheit kämpfen müssen, aber eine Aktionsgruppe, die nur aus einer Person besteht, bringt nicht viel. Ich machte es anders.

Um acht Uhr stand ich auf und stellte die Uhr eine Stunde vor. Um neun Uhr ging ich mich abmelden. »Ich geh schnell einkaufen«, sagte ich und ging spazieren. Wenn ich nach ein paar Stunden zurückkam, war er längst wieder eingeschlafen. Leise stellte ich die Uhr zurück und weckte den Herrn. Er sah sofort auf die Uhr, meckerte, daß ich anderthalb Stunden weggeblieben sei und fragte, wo der Kaffee bliebe. Der Feminismus war damals noch nicht erfunden.

Bei späteren Verlobten habe ich mich selbst ein paar Stufen aushäusiger gelogen, als ich wirklich bin, damit sie nicht zuviel häusliche Gemütlichkeit von mir erwarteten.

Ich behauptete, ich könnte nicht kochen, und wenn ich den ganzen Tag im Park Zeitung gelesen hatte, erzählte

ich, ich sei in der Kneipe gewesen und hätte mich festge-
quatscht oder wäre mit dem Bus nach Ijmuiden gefahren.

Einmal in den zwei Monaten fragte er, was ich ihm in
der letzten Zeit alles verheimlicht hätte. Das hat mich so
überrascht, daß er eine Antwort bekam. Aber nicht die
ganze Antwort. Denn das ist nicht gut für einen Mann.

Verachtung

Enten sind einander ewig treu. Wenn sie erst einmal ein Paar geworden sind, dann gehen sie zusammen durchs Leben, legen Eier und ziehen die Kinder groß, alle Jahre wieder. Das finden die Menschen schrecklich rührend. Wir würden uns gern ein Vorbild an den Enten nehmen. Oder an den Schwänen. Schwäne sind auch monogam, und noch dazu schön. Wie gern wären wir Menschen wie Schwäne! Elegant und tugendhaft würden wir Seite an Seite durchs Leben gleiten. Bei Menschen klappt das aber nicht so recht. Solange sie verliebt sind, denken sie vielleicht noch, daß es immer so weitergeht, aber nach einer Weile beginnt diese Sicherheit zu verblassen.

Die meisten Verliebtheiten dauern nicht länger als ein bis drei Jahre, gerade lange genug für eine Hypothek, zwei Kinder und ein Auto. Das alles wird man nicht so leicht wieder los, und deshalb bleiben Ehepaare verheiratet, lange und glücklich, auch wenn sie sich nicht mehr daran erinnern können, was sie jemals aneinander gefunden haben. Die Liebe hat inzwischen ganz anderen Gefühlen Platz gemacht.

Männer und Frauen hegen füreinander eine tiefe Verachtung. Bei Männern ist das allgemein so. Dameneigenschaften, sogar schöne, zum Beispiel Intuition, finden sie lächerlich. Frauen haben einen besseren Blick fürs Detail als Männer; er sagt, Frauen könnten Wichtiges und Nebensachen nicht unterscheiden. Frauen können ihre Gefühle besser ausdrücken; sie quatschen lauter Unsinn, sagt er. Er selber verfügt nur über stolze männliche Eigenschaften. Deshalb heißt Mütterlichkeit bei einem Mann väterliches Verantwortungsgefühl, Kochlust heißt kulinarische Kreativität, und wenn sich ein Mann vergnügungssüchtig aufführt, dann nennt er sich selber einen unverbesserlichen Schürzenjäger.

Bei der Arbeit betrachten Männer Frauen normalerweise mit noch schamloserer Verachtung. Ein Beruf, der von Frauen ausgeübt wird, verliert automatisch an Wert.

Bei Frauen ist die Verachtung viel persönlicher. Sie reservieren sie für einen einzigen Mann: ihren Liebsten. Manche Frauen bringen ihre Gefühle ganz offen zum Ausdruck. Sie nennen ihren Mann »der mit dem Einkommen« oder »meiner«, als ob von ihrem Hund die Rede wäre. Von einem fiesen Hund, der überall Spuren seiner schmierigen Existenz hinterläßt. Andere Frauen zeigen ihre Verachtung schweigend. Wenn ihr Mann auf einer Gesellschaft das Wort führt, sieht sie ihn an, nicht böse, nicht ablehnend, nur etwas müde. Sie kennt die Geschichte schon. Sie ist von A bis Z erlogen, den Witz hat er vor langer Zeit von einem Kollegen gehört, die Meinung hat er aus der Zeitung. Die Gesellschaft lacht. Sie nicht, sie wühlt in ihrer Handtasche. Das ist die milde Form. Ich kenne eine Frau, die ihren Mann auf Festen anspornt, Anekdoten zu erzählen. »Erzähl doch mal vom Zeltplatz in Frankreich«, sagt sie, »du weißt schon, da, wo du vor lauter Sonnenbrand mit einem Pflaster auf der Nase herumlaufen mußtest.«

Eines Tages war ihr Mann überanstrengt. Der Arzt stellte eine zerrüttete Persönlichkeit fest und verschrieb Medizin. Ich hörte das im Supermarkt, wo sie einer Freundin diese Neuigkeit erzählte. »Das ist ja schrecklich«, sagte ich. »Schrecklich«, murrte sie. »Für mich, meinst du. Jetzt kann ich zwei Babys versorgen, meinen Sohn und meinen Kerl.« Hinter uns klapperten die Einkaufswagen. Niemand blickte überrascht auf. Frauen sagen nun einmal nur selten etwas Nettes über einen Mann. Manchmal klingt es noch freundlich. »Henk hat sich den Zeh gebrochen«, teilte meine beste Freundin voller Mitleid mit. »Der arme Schnuffel. Jetzt sitzt er auf der Bank und hat den Fuß in Gips.«

Sie erzählte, wie das passiert war. Henk war spät nach Hause gekommen und lag morgens noch im Bett. Meine Freundin war schon auf und saß auf der Bettkante, um Henk etwas vorzuquengeln. Als sie bei den Vorwürfen angekommen war, die unterhalb der Gürtellinie treffen, war Henk aus dem Bett gesprungen und hatte ihr einen ordentlichen Tritt in den Hintern versetzt. Meine Freundin ist von wuchtiger Gestalt und Henk brach sich den Zeh. »Wie traurig«, kicherte ich amüsiert.

Wo immer Ehepaare auftauchen, können wir auch die Verachtung sehen. Seine Verachtung aller Weiber, und ihre für ihn. Sobald ein Mann eine Ansicht zum besten gibt, sehen wir, wie seine Frau die anderen Frauen ansieht. »Den solltet ihr mal zu Hause erleben«, sagt ihr geringschätziger Blick. Später bekommen wir zu hören, wie der Herr sich aufgeführt hat. »Neulich war er krank. Er ist ziemlich oft krank. Dann schnieft er und legt sich mit einem Taschentuch auf dem Kopf, einem Teller Plätzchen und einer Flasche Milch in Reichweite und einem Geschirrhandtuch ins Bett. Das Geschirrhandtuch ist zum Naseputzen. Dann komme ich und verderbe alles, weil ich ihm das Thermometer bringe, um festzustellen, wie ernst es ist. Das gefällt ihm nicht.«

Während Männer frauenfeindliche Witze erzählen, beschreibt Carla, wie ihr Mann in einen Cowboyruf ausbricht, wenn er seine Morgenerektion sieht, und Jantien berichtet, wie sie eines Morgens unerwartet nach Hause kam und ihren Mann mit ihrer Netzstrumpfhose im Schlafzimmer vorfand. »Ich weiß ja, daß es Männer gibt, die Transvestiten oder Wäschefetischisten sind. Das lese ich und mache ein verständnisvolles Gesicht. Aber wenn du deinen eigenen Kerl mit seinen behaarten Pfoten in deiner Netzstrumpfhose vor dem Spiegel stehen siehst, dann wird dir doch anders zumute.«

Mitleidslos erzählen Frauen vom zerbrochenen Gebiß ihres Mannes, von seinen Hämorrhoiden und warum er lieber keine Zwiebeln essen sollte. Aber wenn irgend etwas Ekelhaftes den Ausguß verstopft oder das Auto nicht anspringt, dann wollen wir einen Mann. Einen Mann, der alles kann.

Das Bordell

»Kuck mal, was für eine tolle Frau!« sagte ich zu meinem Kollegen. Wir saßen auf einer Terrasse in der Sonne und sahen den Frauen hinterher. Eigentlich darf mein Kollege das nicht, aber er brummte doch zustimmend. Die Frau, die gerade vorbeiging, war aber auch wirklich aufsehenerregend: Sie hatte eine phantastische Figur und ein schönes Gesicht, aber das schönste war ihre federnde Gangart. Wir saßen schon seit über einer Stunde auf der Terrasse. Über die sehr schönen Frauen waren wir einer Meinung, während wir uns bei der Mittelklasse nicht einigen konnten. Er schwärmt für blond und elegant, für echte Damen. In meinen Augen sind die viel zu aufgedonnert. Mein Kollege ist verrückt nach Frauen mit hochmütigem Blick, er findet sie wunderbar, und es hat keinen Sinn, wenn ich ihn ermahne: »Bert, so eine hast du doch schon zu Hause, Bert, jetzt fall doch nicht wieder darauf herein, so eine Frau hat ein Herz wie ein Feldwebel.«

Männer sind nicht besonders klug. Wenn ihre Augen sich verlieben, ist ihr Schwanz verpfändet.

»Wieso mischst du dich hier überhaupt ein?« fragte Bert. »Frauen sind mein Gebiet, warum kuckst du dir nicht die Typen an?«

Das war eine gute Frage. Natürlich würde ich von Herzen gern Typen bestaunen, aber dann müßte auch etwas zu sehen sein. Von den meisten Männern sehe ich vor allem ein Jackett und eine Brille. Junge Männer sehen viel flotter aus, aber die gehen so breitbeinig, als ob sie Schlittschuh liefen, und sie stecken die Hände in die Jackentaschen und sehen allesamt aus wie dasselbe Müllpferd.

Vor einiger Zeit mußte ich für einen Artikel in einer Frauenzeitschrift verschiedene junge Frauen fragen, ob ihnen männliche Akte gefielen. »Wunderschön«, sagte ein Mädchen. »Wenn der Mann bloß nicht Volleyball spielt, das sieht nämlich unmöglich aus.« Die eine mochte stramme Oberschenkel, die andere breite Schultern, keine schwärmte für dicke Bäuche, und über eins waren alle Frauen sich einig: Sie sehen erst, ob ein Mann gut aussieht, wenn er sich bewegt oder wenn sie dicht bei ihm sitzen können. Frauen sehen mit den Händen, und manchmal ist nicht einmal das genug.

Vor ein paar Jahren gab es in Amsterdam einen Herren-Striptease für Damen. Auf einem Podium zogen tanzende Männer ihre Kleider aus. Die Zuschauerinnen – es gab nur Zuschauerinnen – bekamen in ihren Cocktails ein Trommelstöckchen serviert, mit dem sie auf den Tisch trommeln konnten, um die Jungs anzuspornen. Das machten wir aber nicht. Wir sahen uns wohlwollend die Vorstellung an und schoben Dollarnoten in die dafür bestimmten Strumpfbänder, aber die richtige Stimmung wollte nicht aufkommen. Das ganze wirkte wie eine Modenschau: Schöne Kleider, aber wann zieht man die schon an?

In der feministischen Zeitschrift *Opzij* wurde auch einmal über das Aussehen von Männern geschrieben. Im Rahmen der Frauenstudien hatten Studentinnen aus Nimwegen den Mann als Lustobjekt unter die Lupe genommen. »Es stimmt nicht, daß Frauen nur der Charakter wichtig ist, wenn sie einen Liebhaber suchen. Das Auge will auch etwas davon haben«, erkannten die Forscherinnen. Wenn wir Nimwegen nicht hätten! Neben diesem Artikel befand sich ein Reklamefoto, das für eine bestimmte Marke Parfüm werben sollte. Ein bildschöner junger Mann liegt auf dem Rücken, bedeckt mit dem Arm sein halbes Gesicht, seine Schamhaare sind ganz knapp nicht mit ins Bild gekommen. Frauen scheinen dieses Foto wildbegeistert in Parfümerien von den Wänden zu reißen, so schön finden sie ihn. Es ist wirklich ein prachtvolles Foto von einem entzückenden Mann, aber es sind weniger seine perfekten Formen, die die Wollust erwekken. Es ist dieses niedliche Ärmchen, das so kindlich nach hinten gebogen ist, der Kontrast zu dem männlichen Gehabe.

Ich kenne fast keine Frau, die Sylvester Stallone attraktiv findet, aber der Tennisspieler McEnroe, der so rührend schmollen kann, der findet Anklang. »Marcello Mastroianni«, seufzte eine Freundin. »Vor allem jetzt, wo er ein bißchen in Verfall gekommen ist. Früher war er zu unantastbar. Das ist nicht geil.«

Der Stripteaseclub wurde nach einigen Monaten wieder geschlossen, es fehlte einfach an Kundschaft. Sex per Blick ist den Frauen nicht beschert. Es hat auch, soviel ich weiß, niemals ein Bordell für Frauen gegeben. Frauen gehen nicht zu den Huren. Dafür haben sie auch keine Zeit, sie haben viel zuviel zu tun. Sie müssen zum Friseur, zur Gymnastik und zur Pediküre. Sie müssen zum Schönheitsspezialisten und auf die Sonnenbank. Das sind richtige Damenbordells. Sie gehen nicht dorthin, um schön zu werden. Es geht um das Gefummel, das ist einfach schön. Eine Friseuse, die beim Haarewaschen eine entspannende Kopfmassage bietet (gut für die Durchblutung der Haarwurzeln, hilft gegen Schuppen) ist ein Juwel, ein Physiotherapeut, der zusätzlich zu den schmerzhaften Übungen auch ein heilsam heißes Ölkissen in den Nacken legt, ist Gold wert.

Während die Schönheitsspezialistin mit ihren Salben und ihren geschickten Fingern die Bakterien von der einen Kundin auf die andere überträgt, gibt sie Selbstvertrauen und gute Ratschläge für den Erhalt einer schönen Haut. Sie erzählt verführerisch über die tiefenreinigende Wirkung der Reinigungsmilch, über das Prickeln des Tonikums und über den bezaubernden Effekt einer Nährcrème. Kommt damit erst einmal in einer Männerwelt!

Ich denke an die tristen Sexreisen nach Thailand, die deutsche Reisebüros organisieren. Die enthalten nichts als dreizehn Stunden Flugreise, eine Prostituierte und eine exotische Geschlechtskrankheit. Wenn eine Frau eine erotische Reise machen wollte, dann wüßte sie etwas besseres: Eine Sauna in Finnland, eine Massage in Japan und eine ausgiebige Fußpflege in Ägypten. Und für den Orgasmus kommt sie einfach wieder nach Hause. Da hat sie einen Mann, der das sehr gut kann. Sie hat es ihm schließlich selbst beigebracht.

Auf der Suche nach Liebe

Menschen sind voll von Liebe. Wenn sie es dabei belassen würden, dann wäre ja auch alles in Ordnung, aber so ist es nicht. Sie wollen tauschen: Deine Liebe gegen meine. Das führt zu Verwirrung. Nicht jeder Deckel paßt auf jeden Topf, und am Ende der Transaktion sitzen wir da mit Einzelstücken, übriggebliebenen Menschen, die niemanden gefunden haben, den sie lieben könnten.

Vor zehn Jahren hatte ich eine Problemspalte in einer Zeitschrift, die sich ausschließlich mit Liebe befaßte. In dieser Zeitschrift wurden die Fragen der Leser über ihre Liebesprobleme beantwortet. Anfangs dachte ich mir die Fragen selber aus. Ich schrieb enthusiastisch über bösartige Ehepartner, unerfahrene Teenager, Geschlechtskrankheiten und Ausflüchte. Das war doch mal eine schöne Arbeit. Aber nach einer Weile kamen die echten Briefe. Die waren gleich viel weniger erbaulich. Von den 14 Millionen Niederländern laufen an die vier Millionen traurig auf Suche nacheinander herum und sehnen sich nach einem anderen Herzen. Alles haben sie versucht, einen netten Konversationskurs für Anfänger, Feste, Tanzabende, Clubs. Nichts hilft, sie bleiben allein. Abergläubisch könnte man davon werden.

Wie ist es möglich, daß wir sofort, wenn wir den Fuß in eine Kneipe setzen, sehen, daß der Typ an der Theke einsam ist? Nicht auf schöne Weise einsam, mit dichterischem Tiefgang, sondern jämmerlich, unverdient allein. Er ist doch die Güte selber, hat keine Launen, ist nicht übereilt im Bett, er würde für seine Liebste jeden Tag spülen, wenn er nur eine Liebste hätte! Und auch, wenn er da sitzt, still verschmäht, dann macht er nichts verkehrt, eigentlich benimmt er sich nicht anders als die anderen in der Kneipe. Und doch wissen wir genau: Der da sucht Kontakt.

Ich habe eine Freundin, die 35 Jahre alt ist. Sie ist eine nette Frau, humorvoll, intelligent, gutaussehend und verfügbar, aber niemand will sie. Bei der Arbeit trifft sie Hunderte von Männern, aber die sind allesamt verheiratet oder trauern der letzten Beziehung noch hinterher. Eines Tages gab sie eine Anzeige auf: Fr. (35) alleinst. intell. berufst. s. lieben Freund. Darauf bekam sie einen ganzen Stapel Briefe, aber kein einziger stammte von einem begehrenswerten Lebensgefährten. »Ein taufgeiler Pastor, ein Mann, der sofort vom Geld anfing, ein Mann, der gleich bei mir einziehen wollte«, zählte sie auf.

Zwei Verabredungen hatte sie getroffen. Eine mit einem Ingenieur aus Wageningen, der sein Gebiß zu Hause gelassen hatte. »Ohne fällt mir das Reden leichter«, hatte er gesagt. Die andere Verabredung war mit einem Herrn aus einer Bank, der so ernst und düster war, daß das Gespräch alsbald im Sande verlief und niedergeschlagenem Schweigen wich. Nein, diese Annonce war kein Erfolg. Das sind die meisten Annoncen nicht. Die Umstände sind so belastet, daß ein Treffen sehr leicht auf eine Enttäuschung hinausläuft. Und wo soll das Treffen stattfinden? Wenn wir den Kandidaten zu uns nach Hause kommen lassen, besteht die Gefahr, daß er ein mieser Typ ist, und im eigenen Haus können wir ja unmöglich sagen: »Jetzt muß ich leider schon wieder gehen.« Bei einem Treffen in der Kneipe sitzen wir unbeholfen im Gewühl, und wenn es zufällig ruhig ist, dann hängt alles vom Gespräch ab. Jedes Wort, das gesagt wird, klingt idiotisch, weil ihm viel zuviel Bedeutung beigemessen wird.

Bei einer Anzeigenverabredung muß es Liebe auf den ersten Blick sein, denn einen zweiten gibt es nicht. Deshalb geht es in fast allen Fällen schief.

Und doch können wir beim ersten Mal gleich viel übereinander erfahren. Ein Freund hatte eine Anzeige aufgegeben und wurde zum Essen eingeladen. Als er mit seinem Blumenstrauß die Wohnung betrat, sagte die Gastgeberin sofort: »Ich hoffe, du magst Musik, ich habe nämlich Andreas Vollenweider aufgelegt.« Sie hatte einen Spinatkuchen gebacken.

Schließlich hat er dann doch noch eine nette Freundin gefunden. Nicht über eine Anzeige und nicht durch eine Ehevermittlung. Nein, er hat sich im Supermarkt verliebt. Er hatte seine Schwester eingeladen und wollte Paella kochen. In der Gemüseabteilung hatte er eine Dame gefragt, welche Gemüse zu einer Paella gehören. Sie hatte ihm gesagt, was er kaufen sollte, und ganz spontan hatte er auch sie zum Essen eingeladen. Sie hatte zwar Lust dazu, aber sie mochte keine Paella. »Können wir nicht etwas anderes kochen?« hatte sie gefragt. Er war einverstanden. Jetzt sind sie schon ein halbes Jahr glücklich. Dem Supermarkt sei's gedankt.

Die Menschen suchen die Liebe an der verkehrten Stelle. Eine Kneipe ist schlecht für werbende Plaudereien geeignet, da kann höchstens die Gesellschaft für eine Nacht gefunden werden. Das wissen alle, und doch sitzen viele einsame Menschen in den Kneipen und warten auf eine Chance. Es kann sogar vorkommen, daß sie nebeneinander am Tresen sitzen, aber es kommt auch dabei nichts heraus. Es sieht so erbärmlich aus, so ein gieriger

Mann, so eine begierige Frau. Sie jagen einander eine Gänsehaut ein.

Ein Mann ist einmal auf die Idee gekommen, eine Anzeige aufzugeben, in der er eine schlanke blonde Frau suchte. Aus einem kleinen Briefstapel suchte er sich eine aus und lud sie zu sich nach Hause ein. Und wer erschien da auf der Türschwelle? Eine dicke schwarzhaarige Dame, die er nur zu gut aus der Kneipe kannte. »Man möchte immer eine große lange, und dann bekommt man eine kleine dicke«, sagte Tucholsky. »C'est la vie.«

Frauenkenner

In der letzten Zeit geht es mir sehr gut, mein Herz war schon seit Jahren nicht mehr gebrochen. Früher war das anders, da brach es alle zwei Jahre entzwei. Aber jedesmal fing ich unbekümmert wieder eine neue Romanze an. Damit ist jetzt Schluß. Wenn dieser Verlobte mich nicht mehr will, dann gebe ich auf, dann kaufe ich mir ein Pferd. Ich bin verrückt nach Pferden. Ich finde sie schön, stark und ein bißchen dumm, ein großer Unterschied zwischen Pferden und Männern besteht also nicht. Zum Sex brauche ich keinen Verlobten, das geht auch mit einem zufälligen Liebhaber.

Pferde haben nur einen Nachteil: Sie sind so schreckhaft. Das bin ich selber auch, deshalb bin ich als Pferdeliebhaberin eigentlich ungeeignet. Mit Hunden habe ich dasselbe Problem. Hunde werden aggressiv, wenn ihr Gekläffe jemandem Angst macht. Wir müssen ruhig und ermahnend auf sie einsprechen und eine selbstverständliche Autorität über sie ausüben. Das schaffe ich nicht. »Hau ab, du Mistvieh!« rufe ich, und dann tanzen die Puppen: Knurren, Kläffen, Drohen.

Bei Männern brauchen wir keine besondere Gebrauchsanweisung zu befolgen, auch wenn es sich nicht empfiehlt, sie zu verwöhnen. Männer sind mit allem zufrieden, wenn eine Frau ihnen nur zuhört und all ihren Behauptungen zustimmt. Eine der Behauptungen, die ein Mann gerne aufstellt, ist, daß er so gern mit Frauen zusammen ist, viel lieber als mit anderen Männern. Das hält er für eine ganz besondere Feinheit, eine reizende Eigenschaft, die andere Männer nicht haben.

»Ich unterhalte mich am liebsten mit Frauen«, sagt Guido oft. »Das liegt daran, daß ich kein Macho bin.«

»Nett«, nickte ich dann, aber das meine ich nicht. Guido ist von unsäglicher Bewunderung für die Frauen erfüllt, die für ihn unerreichbar sind, bei seinen weiblichen Bekannten jedoch weiß er vor allem Kaffee und Aufmerksamkeit zu schätzen. Früher habe ich Guido auch schon mal erklärt, warum ich ihn für ein sexistisches Schwein halte, aber diese Perle rollte unbemerkt an seiner Schnauze vorbei.

»Ich habe eben große Achtung vor Frauen!« rief er. »Sie verstehen mich viel besser als Männer.«

Das will ich gern glauben. Mit einem Mann kann man Billard spielen, ein Bierchen trinken und über Autos reden, aber wenn man ihm erzählt, daß man seit einiger Zeit so schlecht schläft, dann zuckt er die Schultern und sagt, daß er manchmal ein ganzes Jahr lang nicht geschlafen habe. Der Arzt hatte noch nie einen so seltsamen Fall von Schlaflosigkeit gesehen.

Es gibt natürlich auch Männer, die sich sehr gut mit Frauen verstehen. Hans ist so einer. Als Kind schon durfte er immer mit den Mädchen spielen, aber homosexuell ist er nicht. Er liebt Frauen, aber sie beeindrucken ihn nicht besonders, dazu kennt er sie zu gut. Schon als Kinder erzählten Mädchen ihm ihre Geheimnisse, und noch immer können sie mit Hans so reden, als ob sie ihn schon seit Jahren kennen würden. Aber Männer wie Guido beneiden ihn nicht, denn Hans mag zwar von Frauen auf Händen getragen werden, aber sie denken nie an ihn, wenn sie mit jemandem ins Bett wollen. Das war immer schon so. Er war vierzehn und verspürte einen inneren Drang. Weil er daran gewöhnt war, alles mit Mädchen zu besprechen, fragte er die Netteste aus der Klasse, ob sie mit ihm knutschen wollte.

»Aber Hans, mit dir doch nicht!« rief sie geschockt.

So ist es bis heute geblieben. Frauen sind verrückt nach Hans, aber was sie am liebsten mit ihm tun, ist telefonieren, stundenlang. Das können andere Männer nicht. Die fragen: »Warum rufst du an?«

Hans nicht, der sagt: »Weißt du, wen ich vor kurzem gesehen habe? Gerrie Bonekamp. Kannst du begreifen, warum alle Frauen scharf auf ihn sind?«

»Du glaubst doch wohl nicht, daß Gerrie Bonekamp wirklich Erfolg hat?« antworte ich dann. »Gerrie ist brutal, versucht es bei jeder und protzt mit seinem Geld, seinem Auto und seinem Segelboot. Es gibt zwar Frauen, die das nicht gleich satthaben, aber keine bleibt bei ihm. Sie machen alle Schluß.«

»Na«, sagt Hans. »Er gilt doch als unglaublicher Verführer.«

»Hör doch auf«, widerspreche ich. »Weil sie alle weglaufen, muß er immer wieder neue verführen, aber das gelingt ihm immer seltener. Das einzige, was er im Moment noch schafft, ist, daß er ab und zu in seiner Protzmühle eine nach Hause fahren darf. Marina ist neulich mit ihm gefahren. Als sie bei ihrem Haus angekommen waren, sagte Gerrie: ›Du darfst dich nicht wundern, wenn du bald Besuch von einem Gerrie bekommst. Jetzt weiß ich ja, wo du wohnst.‹ Und da hat Marina ihm schnell ein anderes Haus gezeigt.«

Das Problem bei einem Verführer ist, daß er alles Erobern selber erledigen will. Er wartet nicht ab, ob er ermutigt wird. Alle seine werbende Kraft führt er mit ins Feld. Das wirkt so begierig, wie ein Dackel, der den

Windhund nicht erreichen kann. Ein Mann, der bei Frauen Eindruck machen will, muß ein bißchen Distanz bewahren. Wenn ich das Hans sage, dann versteht er es sofort. Er weiß genau, wie es nicht geht. Gerrie hat davon keine Ahnung. Wenn sich eine Frau voller Abscheu von ihm abwendet, dann denkt er, daß er sie nicht genug bearbeitet hat und bestellt einen Sherry für sie.

Mit Männern wie Gerrie endet es übel. Je älter sie werden, um so lauter werden sie ausgelacht. Das Auto rostet, das Segelboot sinkt, und von ihrem Geld kaufen sie am Ende nur noch für sich selber etwas zu trinken. Sie hätten eben bessere Frauenkenner sein müssen.

Lecken

»Ein Spanier ist ein kleines Männlein mit schwarzen Haaren und mieser Laune, weil er findet, daß er nicht oft genug vögelt.« Das ist ein spanisches Sprichwort, und es gibt viele Spanier, die sich daran halten. So entsteht ein Volkswesen.

Italiener sind feurig, das kommt von der Oper. Schweden sind tüchtige Liebhaber, denn sie werden schon im Kindergarten aufgeklärt. Engländer haben keine Ahnung. Ich habe einmal einen Engländer sagen hören, daß es nicht gut ist, Frauen zu sehr zu verwöhnen. »Wir Engländer lassen sie darben«, sagte er, »dann sind sie dankbar für alles, was man besser macht als ein Kaninchen.«

Ich erklärte, daß Frauen, wenn sie ein Kaninchen treffen, nicht darben, sondern gähnen, aber der Engländer zuckte nur die Schultern.

Von Franzosen heißt es, sie seien auf Cunnilingus spezialisiert. »Ich habe eine samtene Zunge«, versicherte ein Franzose mir einst in einer Kneipe. Ich fiel darauf herein. Von einem Franzosen geleckt zu werden, das erschien mir verlockend. Es ging schief. Dreimal lecken, und die Vorstellung war vorüber.

Eigentlich finde ich sowieso, es ist eine überschätzte Technik. Es ist natürlich sehr nett, von einer warmen weichen Zunge gestreichelt zu werden, aber es ist doch auch ein bißchen unsozial. Oben auf der Matratze liegt sie mit leeren Armen, er ist ein Stock tiefer am Werk.

»69«, empfahl jemand. Das ist eine Möglichkeit. Aber dann bricht im Bett solche Hektik aus.

»Ist Lecken nicht das Herrlichste, was einer Frau passieren kann?« fragte Leon, der sich als Frauenkenner ausgibt. Von ihm heißt es, daß er Damen gegen Bezahlung verwöhnt. Ob das stimmt, weiß ich nicht. Ich habe einmal mit seiner Frau gesprochen, und die bestätigte das Gerücht, aber vielleicht wollte sie ihrer Ehe einen Hauch Exotik verleihen.

»Lesben lecken doch immerzu?« beharrte Leon. Ich nickte und dachte an Josephine. Mit ihr habe ich neulich auch übers Lecken gesprochen. Sie hat eine Freundin.

»Seit wir eine elektrische Zahnbürste haben, lecken wir so gut wie nie mehr«, erzählte Josephine. »So ein Ding ist eine wichtige erotische Erfindung, und dann kannst du dir damit auch noch die Zähne putzen.«

Am nächsten Tag sah ich Leon auf einem Empfang. Ich war mit einer Freundin gekommen und stellte sie Leon vor. Der ließ über der Sache kein Gras wachsen. Er stellte sofort seine dringliche Frage: Ob Frauen gerne geleckt werden.

»Aber sicher doch«, sagte die Freundin.

»Wie ging es weiter?« fragte ich danach.

»Er war von diesem Thema gar nicht mehr abzubringen«, erzählte sie. »Wir sind nach dem Empfang noch essen gegangen, und ich habe ihn mit zu mir genommen. Ich wollte mit ihm ins Bett, aber so weit ist es nicht gekommen. Er quasselte einfach immer weiter übers Lecken, sagte, zur Not könnte er die ganze Nacht durchhalten, und da habe ich ihn hinauskomplimentiert.«

»Warum?« fragte ich verwundert.

»Ich fand das alles so blöd. Ich entscheide selber, was ich schön finde. Wenn so ein Mann an meinem Orgasmus herumwurstelt, sträuben sich mir die Haare.«

In gewisser Hinsicht war die sexuelle Revolution ein Erfolg. In einem soliden Staatsgefüge sind die Menschen ein bißchen gleichgültig. Wenn wir heute keine ungeahnten Höhepunkte erreichen, dann vielleicht morgen oder nächste Woche.

Kürzlich rief mich ein Mann an.

»Was machst du so in der letzten Zeit?«

»Ich rede immer übers Lecken«, antwortete ich.

»Warum nicht übers Blasen?« fragte er.

Aber darüber hatte ich schon nachgedacht. Vor kurzem saß ich mit einem Freund im Kino und wartete auf den Film. Ich erzählte, daß ich Blasen toll finde, aber daß ich nach einiger Zeit dabei immer einen Kieferkrampf bekomme.

»Das liegt daran, daß du zu lange weitermachst«, sagte er. »Wenn ein Mann erst mal in Gang ist, dann genügt so ein sanftes Mündchen nicht mehr, dann muß mehr geschehen, etwas Deftigeres. Dann hat Blasen keinen Zweck mehr.«

Nun fing der Film an. In Liebesszenen in amerikanischen Filmen spielt immer eine Menge Bettzeug mit. An den Ausbuchtungen der Decke können wir sehen, was darunter passiert. »Da, sie bläst ihm einen«, flüsterte ich. »Ihm ist das egal, er schaut aufs Telefon.«

»Er findet das doch nett, alle Männer finden das toll.«

Aber das stimmt nicht, ich habe es selber erlebt, daß ich mich in exquisiten Zungenwindungen erschöpfte, während mein Liebhaber leise seufzte. Als ich nach einiger Zeit höher rückte, war er eingeschlafen. Die meisten Frauen machen es vor allem aus Liebe, nicht so sehr aus Lust. Männer riechen doch oft recht streng, und Sperma schmeckt ein bißchen bitter. In den ersten Wochen einer Romanze macht ihr das nichts aus, und sie leckt sein Ejakulat wie Honig, aber dann läßt der Enthusiasmus nach. Der Arzt kann Blasen auch nicht empfehlen, wir können uns dabei eine moderne Krankheit einfangen.

»Blasen ist für Verliebte«, sagte eine Frau. »Ich mach es nur beim erstenmal, danach will ich normal herumvögeln. Ich würde es gern schöner finden, aber das Schicksal will es eben anders. Und ich werde dick davon. Dieses Zeugs steht nur so vor Kalorien.«

»Das kann doch nicht sein!« rief ich, wenn ich das gewußt hätte!

»Aber und ob, das ist die reine zusätzliche Nahrung. In Ländern, wo die Menschen unter Überbevölkerung und Unterernährung dahinsiechen, sollten sie viel öfter blasen. Dabei gibt's Eiweiß und Traubenzucker, und keine wird davon schwanger.«

Seit ich das gehört habe, sehe ich Männer mit ganz neuen Augen. Wandelnde Überlebenspakete sind sie, und wenn wir Glück haben, dann glauben sie, daß Frauen auch welche sind. Aber dann müssen die wirklich tüchtig loslecken.

Abgründe

Als Gott noch nicht tot war und den ganzen Tag arbeitete, wurden Jungen und Mädchen getrennt in die Schule geschickt. Zu Hause hatten sie unterschiedliche Beschäftigungen, und wenn sie dann erwachsen waren, wußten sie übereinander genausoviel wie über die Eskimos. Nach den 50er Jahren durften wir gemeinsam schwimmen, aber die Lage ist immer noch alles andere als ideal, Männer und Frauen haben die verrücktesten Vorstellungen voneinander.

»Eine Frau will Sicherheit«, warnen Männer. »Paß auf, daß sie dich nicht in ihre Netze verstrickt.«

Frauen wissen, daß Männer das denken. Deshalb geben sie sich alle Mühe, um nicht zu verstrickend zu sein. Sie rufen nicht an, um zu fragen, ob er bei ihnen übernachten will oder um ihn ins Kino einzuladen. Sie überlassen ihm die Initiative.

Frauen sind so passiv, denkt daraufhin der Mann. Sie reden zwar von Emanzipation, aber selber rühren sie keinen Finger.

Ich kenne eine Frau, die hart arbeitet, allein lebt und wenig Zeit für die Liebe hat. Fünfmal pro Jahr geht sie für eine Woche auf Reisen. Das ist nicht lange, aber das soll es auch nicht sein. In dieser Woche verführt sie Männer, mit denen sie kurze, aber stürmische Verhältnisse hat. Diese Verhältnisse enden mit den Ferien, und so hält sie sich die Probleme vom Leib. Eine Frau, die ans Werk geht wie ein Kerl, das müßten sie doch zu schätzen wissen, möchte man meinen, aber nichts da. In den Niederlanden hat noch niemals irgendwer irgendwem eine Verlobung angeboten, die nur eine Woche dauern sollte. Statt dessen bekommt sie Heiratsanträge. Darüber gerät sie in Verzweiflung. Einen Mann hielt sie ganz kurz für einen Gleichgesinnten. Sie traf ihn im Waschsalon. Er war fröhlich und flott anzusehen. »Wollen wir eine Tasse Kaffee trinken?« schlug er vor, aber sie wußte etwas Netteres. Einen ganzen Nachmittag, einen Abend und eine Nacht konnte sie sich nicht an ihm sattsehen. Danach hatte sie genug, aber der Mann dachte anders darüber. Noch monatelang hat er sie mit Nelkensträußen und Weinbrandbohnen überhäuft, die er ihr schicken ließ. »Da faß ich mir doch an den Kopf!« sagte sie traurig. »Weißt du etwas Schlimmeres als Weinbrandbohnen? Ich habe ihm schon zehnmal gesagt, daß ich ihn nicht mehr sehen will, aber er glaubt nur, ich hätte einen anderen Mann. Und gegen den kämpft er. Er hört mir gar nicht zu.«

Frauen hören aber auch nicht zu.

Joke hat einen häßlichen Verlobten. Sein Gesicht sieht aus wie eine Reliefkarte der Schweiz, sein Körper hat Ähnlichkeit mit einer Birne. Ich verstehe einfach nicht, warum sie ihn liebt, denn er ist auch nicht sympathisch, aber Joke hegt eine tiefe Liebe zu ihm, eine unglückliche Liebe.

»Ich verstehe ihn nicht«, klagt sie immer wieder. »Ich verlange nichts von ihm, ich lasse ihm alle Freiheiten, aber er fängt immer wieder Streit an.«

»Du muß ihn härter anpacken«, sagte ich. »Der Mann braucht eine feste Hand. Wenn du so sanft mit ihm umgehst, kriegt er schlechte Laune, und du verdirbst ihn.« Sie glaubt mir nicht. Sie kann sich nicht vorstellen, daß ein Mann nach einem Joch verlangt.

»Er ist häßlich, siehst du das nicht? Er hat nichts von der

Freiheit, er will Geborgenheit, er will zu dir gehören, bis der Tod die letzten Krater in sein pockennarbiges Gesicht schlägt.«

Sie sah mich ungläubig an. Du willst ihn selber, sah ich sie denken.

Ich weiß noch eine tiefeingewurzelte Meinung, die sich auch durch gegenteilige Beweise nicht vertreiben läßt: Daß Männer keine Gefühle haben.

Ein Mann darf nicht weinen, und wir sehen auch nur selten einen schluchzen, denn sie brauchen keine Tränen. Frauen weinen vor Wut, aus Enttäuschung, vor Rührung und um ihren Willen durchzusetzen. Ein Mann kann kämpfen, schimpfen und fluchen, er kann schmollen, nörgeln und schweigen, schreien, saufen, brüllen, wüten, zwingen, mißhandeln, und wenn er wirklich einmal alles bis zum Äußersten treiben will, dann läßt er feinsinnig drei Tränen über seine Stoppelwange kullern. Frauen reicht das nicht, die wollen Worte hören. Sie wollen, daß ein Mann sagt, daß er Kummer hat, daß er sich fürchtet. Das mögen Männer nicht.

Mein Verlobter fürchtet sich vor großen Hunden. Wenn wir spazierengehen, nimmt er einen großen Stock mit, um sich gegen anspringende Wachhunde zu verteidigen. Ich fürchte mich auch vor Hunden, vor allen Hunden, nicht nur vor großen. »Wie schön, daß du auch Angst hast«, sagte ich einmal. »Bei einem früheren Verlobten mußte ich immer den gelassenen Umgang mit Hunden üben.« – »Ich habe keine Angst«, sagte er. »Aber ich vertraue ihnen nicht.«

Der Kampf der Geschlechter ist ein Schattengefecht. Er küßt den Boden unter ihren Füßen, sein Herz hämmert im Takt von o sole mio, aber sie grämt sich, denn niemals sagt er »ich liebe dich«.

Sie rennt sich die Beine aus dem Leib, um ihrem sturen Verlobten, der ewig mies gelaunt ist, weil er das Leben mit einem Putzteufel nicht ertragen kann, ein Lächeln zu entlocken.

Er lädt seine Familie für zehn Tage zum Wintersport ein, aber seine Frau sagt höhnisch zu den Kindern: »Hier spielt er den Erbonkel, und sonst muß ich ums Haushaltsgeld betteln.«

Er verführt die schönste Frau der Welt und bewacht sie wie ein eifersüchtiger Zerberus, bis sie mit seinem besten Freund durchbrennt, mit dem sie immer vertrauliche Gespräche über den schwierigen Charakter ihres Liebsten geführt hat.

Vielleicht könnte ein Fernsehkurs helfen, ein informatives Programm, in dem erklärt wird, daß eine Frau nein meint, wenn sie nein sagt, und daß ein schweigender Mann zum Ausdruck bringen will, daß er froh ist, weil er in diesem Sauwetter nicht aus dem Haus muß, um eine Burg zu erobern, einen Drachen zu erschlagen und eine Jungfrau zu vergewaltigen.

JUNGE AUTORINNEN
BEI GOLDMANN –

Freche, turbulente und umwerfend komische Einblicke in
die Macken der Männer und die Tricks der Frauen

43750

43518

GOLDMANN

43608

43569

GOLDMANN

Frauen heute

Mitreißende und spritzige Unterhaltung über Liebe und Karriere, Familie und Freundschaft – und über Frauen, die mit beiden Beinen im Leben stehen und dennoch wagen, Träume zu haben.
Witzig und frech, provokant und poetisch, selbstironisch und romantisch zugleich.

Liebling,
vergiß die Socken nicht!   42964

Die Putzteufelin   43065

Zucker auf der Fensterbank   42876

Und das nach all den Jahren 43205

Goldmann · Der Taschenbuch-Verlag

MINETTE WALTERS

Die ungekrönte Königin der britischen
Kriminalliteratur –
exklusiv bei Goldmann

Ihr neuester Fall: ein rätselhafter
Doppelmord, eine Totschlägerin und ihr
schreckliches Geheimnis...

42462

GOLDMANN

THE NOBLE LADIES OF CRIME

*Sie wissen bestens Bescheid über die dunklen
Labyrinthe der menschlichen Seele. Über die gut
getarnten Obsessionen. Über Gier, Lust und Angst, die
immer wieder tödlich an die Oberfläche dringen.
Die feinen Damen lassen morden …*

Deborah Crombie,
Alles wird gut   42666

Deborah Crombie,
Das Hotel im Moor   42618

Elizabeth George,
Mein ist die Rache   42798

Sue Grafton,
Stille Wasser   43358

Goldmann · Der Taschenbuch-Verlag

GOLDMANN

THE NOBLE LADIES OF CRIME

Sie wissen bestens Bescheid über die dunklen Labyrinthe der menschlichen Seele. Über die gut getarnten Obsessionen. Über Gier, Lust und Angst, die immer wieder tödlich an die Oberfläche dringen. Die feinen Damen lassen morden ...

Elizabeth George,
Gott schütze dieses Haus   9918

Ruth Rendell,
Der Liebe böser Engel   42454

Anne Perry,
Gefährliche Trauer   41393

Batya Gur, Denn
am Sabbat sollst du ruhen   42597

Goldmann · Der Taschenbuch-Verlag

GOLDMANN

Bestseller

*Tom Clancy und Sidney Sheldon, Utta Danella
und Danielle Steel, Heinz G. Konsalik und
Marie Louise Fischer, Colleen McCullough und Gillian Bradshaw,
Charlotte Link und Irina Korschunow –
internationale Weltbestseller garantieren Spannung und
Unterhaltung auf höchstem Niveau.*

Kurban Said,
Ali und Nino   41081

Lynne McFall, Die einzig
wahre Geschichte der Welt 41286

Lawrence Ferlinghetti, Die Liebe in
den Stürmen der Revolution 9587

Akif Pirinçci, Tränen sind
immer das Ende   6380

Goldmann · Der Bestseller-Verlag

GOLDMANN

Das Gesamtverzeichnis aller lieferbaren Titel erhalten Sie im Buchhandel oder direkt beim Verlag.

Taschenbuch-Bestseller zu Taschenbuchpreisen
– Monat für Monat interessante und fesselnde Titel –

✳

Literatur deutschsprachiger und internationaler Autoren

✳

Unterhaltung, Thriller, Historische Romane
und Anthologien

✳

Aktuelle Sachbücher, Ratgeber, Handbücher
und Nachschlagewerke

✳

Esoterik, Persönliches Wachstum und
Ganzheitliches Heilen

✳

Krimis, Science-Fiction und Fantasy-Literatur

✳

Klassiker mit Anmerkungen, Autoreneditionen
und Werkausgaben

✳

Kalender, Kriminalhörspielkassetten und
Popbiographien

Die ganze Welt des Taschenbuchs

Goldmann Verlag · Neumarkter Str. 18 · 81673 München

Bitte senden Sie mir das neue kostenlose Gesamtverzeichnis

Name: _____

Straße: _____

PLZ / Ort: _____